# 世界に一つだけの オーダーキッチン

## Bespokeでつくる貴女ブランド

北村壽子・著

# はじめに

私は15年以上前から「キッチンはインテリア」と言ってきました。今ではそれが当たり前のように言われています。かつては「主婦の城」といわれたキッチンは、家族の健康を支える食事を用意する場所であり、日常の生活になくてはならないところです。インテリアは住む人のセンスや生き方そのもの。だからこそ、自分の個性をいかんなく発揮して、居心地の良い場所にしたいものです。

ところで、貴女にこんな質問をしてみます。今のキッチンに満足していますか？　他人に見せられますか？

これに自信を持って「はい」と答えられる人は、一体どれくらいいらっしゃるでしょうか。家をリフォームする際、また住宅購入時でもこだわりの第1位がキッチンというデータがあります。使い勝手の良い、快適なスペースで料理をしたいのは誰もが思うことです。ここにはきっと人を招いても、できれば誇れるキッチンにしたいとの願いもあるでしょう。

昔は住まいの北側の奥に、独立して置かれていた作業場としてのキッチン。今ではリビングやダイニングとつながりながら、コミュニケーションの場になってきています。時代の流れとともにキッチンの機能や仕様、設備機器も格段の進化を見せています。憧れや夢を実現できる選択肢が多岐にわたっているのも事実です。

にもかかわらず、皆さんキッチン選びには結構、妥協を強いられています。限られた予算なので、これで妥協するのは致し方ないにしても、メーカーのショールームに足を運んだ挙句に、「もう少しここがこんなだったらなぁ。Aメーカーのことと、Bメーカーのここが合体したらいいのに」なんて思ったことありませんか？

メーカーがつくるシステムキッチンという既製品に飽き足りないと感じつつも、最終的にはそこにある限られたなかで、否応なしに決めてしまっているという残念な現実です。

自分自身が望む、自分に本当に合ったキッチン。それが「オーダーキッチン」です。オーダーとは、お客様の要望に応える特注品、オートクチュールです。現場の構造・設計的条件を見極め、希望と予算を詳細に打ち合わせて、ジャストサイズの形状に。カラーや素材、水栓などのパーツ類も、オーダーならではの自由度で組み合わせて仕上げます。住まいに自分を合わせるのではなく、空間に自分の個性を描くのです。それは、規格化されたパーツを組み合わせて完成させるシステムキッチンでは実現できない、自分だけのオリジナル空間です。

でも、「オーダーキッチン」って「高いんじゃないの？」とか、「どうやってオーダーしたらいいのか方法がわからない」「自分の思いをちゃんと伝えられるか不安」「時間がかかりそう」「大変そう」……といった声が即、返ってきそうです。

「オーダーキッチン」のハードルは高いというのが、一般的に抱かれているイメージではないでしょうか。

私はこの本で、決してそんなことはないことをお伝えできればと思っています。

「オーダーキッチン」を扱うところは多くあります。数百社以上、いや何社あるかわからないのが現状です。ちなみに、ネット検索しても多数出てきます。家具屋さん、工務店、設計事務所も然りです。キッチンって、簡単に言ってしまえば、要は箱があって、その箱の中にシンクや水栓を取り付けるというものです。彼らにできるのは当然といえば当然で、問題はいかに一連の工程にきちんと対応できるかです。

つまり、「Bespoke」（ビスポーク）すること。お客様の要望をじっくり聞き、それを汲み取っていく。そして、まだお客様自身が気づいていないこと、具現化できない思いやニーズを補い、細かい配慮を加える。さらに、その家のインテリアやテイストと折り合いをつけながら、カスタムメイド（あつらえ）にしていくステップです。私が実践しているのが、この「Bespoke」というやり方です。

以前、私はインテリアコーディネーターの資格を持って、大手マンションデベロッパーに在籍していました。

30万戸以上のマンションモデルルームのインテリア監修や設計変更をはじめ、富裕層をターゲットにした高額マンションのインテリアも自ら手掛けてきた経験があります。

女性目線のキッチンを企画し全国展開したときには、マスコミにも数多く取り上げられて大きな反響をいただきました。その後独立して、カスタマイズしたキッチンをメインにした会社を設立。キッチンプロデュースデザイナーとして、メーカーサイドに立つことなく、あくまでもユーザー目線で中立な立場をモットーに、今に至っています。イタリアのミラノで開催される「ミラノサローネ国際家具見本市」には15年以上も前から行き、自身のスキルアップのために、世界のキッチンの勉強を重ねています。

ある最近の調査で、「オーダーキッチン」を望む人は、7割以上という結果があります。私は「オーダーキッチン」の素晴らしさをずっと言い続けてきましたが、近ごろやっと時代が追いついてきたと感じています。

例えば、雑誌で見て素敵！　と思ったキッチンを自分らしくカスタマイズしてリフォームする。

夢の実現へのきっかけは、それこそ人さまざまです。
「貴女ブランドのオーダーキッチン」を叶えてみませんか？

## 第1章　キッチンにもいろいろあるんです！

## 第2章　貴女らしさを活かすオーダーキッチン



## 第3章　belugaは、オーダーキッチンをこうつくる！

# 第4章　こうすれば、あとで後悔しないセレクトができる「素材編」

## 第5章 こりゃ違う、とならないためのセレクト「設備機器編」

# 第1章

# キッチンにもいろいろあるんです！

# ベストなキッチンは、貴女次第

今どきは女性ばかりでなく、男性もキッチンに立つことがごく普通のことになってきています。マンションや戸建ての新築及びリフォームを含めて、日本のキッチンの主流は今、「オープンタイプ」です。以前はキッチンを独立させたクローズドとオープンが、人気を二分するスタイルでしたが、背景には、家の中でのキッチンの位置づけが変化してきたことが挙げられます。

夫婦共働きの家庭が増え、何かと忙しい現代社会にあって、料理をはじめとする家事をみんなで協力し合う生活スタイルが浸透。生活の基本である「食」と通じることで、家族が接点を持ちやすい、格好のコミュニケーションの場となってきているのです。料理をつくる人と食べる人がつながる。キッチンの場所も、かつての北側に追いやられていた場所から南に移動して、キッチンとリビングダイニングがボーダーレスになる。そこに、「つながる」というキーワードが見えてきます。

キッチンのスタイルについてもう少し触れると、クローズドタイプは壁で囲まれて、扉を閉めれば一つの部屋になります。そこがキッチンであることがわかりません。クローズドにはクローズドの良さがあります。急な来客があっても、まだ片づけのすんでいないキッチンを見られることはないし、料理のニオイが他の部屋に漂いにくいといったメリットです。

それとは逆に、キッチンとしては独立していなくて、ダイニングやリビングなどとつながるのがオープンタイプです。オープンキッチンは、丸見えになってしまうから落ち着かないという意見がある一方で、クローズドにすると孤立してしまうという意見も。

その両方の欠点をカバーしているのが、キッチンとリビングダイニングの境界壁に開口をつくるセミオープンタイプです。まだ小さな子どもがいる家庭では、キッチンに立ちながらも子どもの様子を見ることができます。対面式とも呼ばれるこうしたセミオープンは、少し前のキッチンですが、特に若い世代に支持されています。ファミリー向けのマンションでも、このタイプが圧倒的に多かったようです。

キッチンは、設備の配置によって数種類のパターンにくることができます。いわゆるレイアウトです。

まずは、シンクや加熱部分（コンロ）、調理カウンターなどの設備がどこかの壁つきになっているパターンです。一列に並んでいるとI型と呼ばれ、その形状によってII型やL型、U型があります。設備が半島のように壁から突き出たのがペニンシュラ型です。キッチンの前に開口を設置することで、セミオープンのスタイルにもなります。

設備が壁につかずに、フロアに島のように設置されたパターンがアイランド型です。シンクだけとか、シンクと加熱部分といった具合に、どの設備をアイランドにするかのバリエーションがあり、それによって全体の雰囲気も変わります。

これらの設備とは別に、私がぜひ、キッチンのなかに加えてもらいたい要素が「パントリー（食品庫）」と呼ばれるストックヤードです。2畳程度の広さがあれば、キッチンの使い勝手が格段に上がります。

キッチンの整理整頓には、キッチンまわりの全てのものを仕分けすることから始まります。そこには、多種多様なものがあふれていることでしょう。日常使いか、そうでないものか、見せたいものか、見せたくないものか……。

このように選別することが大事です。例えば、年に一度くらいしか使わないもの、重いもの、土鍋やホットプレートなどは、自ずとパントリー行きになります。結構、不用品が出てくるかもしれません。「断捨離」することによって、ウォールキャビネット（吊戸棚）や食器棚が不要になることもあります。

また、あえて「パントリー」と位置づけずに、もっとざっくりと「マルチスペース」と捉えるのもいいかもしれません。ズボラで片づけが苦手でも、どこかにエマージェンシー・プレイス（避難場所）があると、ストレスが溜まらずにすみます。狭い空間では、食器棚と一緒に考えるのも一案です。

パントリー　Tandembox Antaro
BLUM（デニカ）

レイアウトの際には、空間を移動する「動線」にも配慮します。なかでもシンク、コンロ、冷蔵庫を結ぶ三角形は、「ワークトライアングル」といわれ、まずは、ここがスムーズに動けること。さらに鍋や食器の出し入れ、配膳への動きをしっかりチェックします。

**キッチンレイアウト**

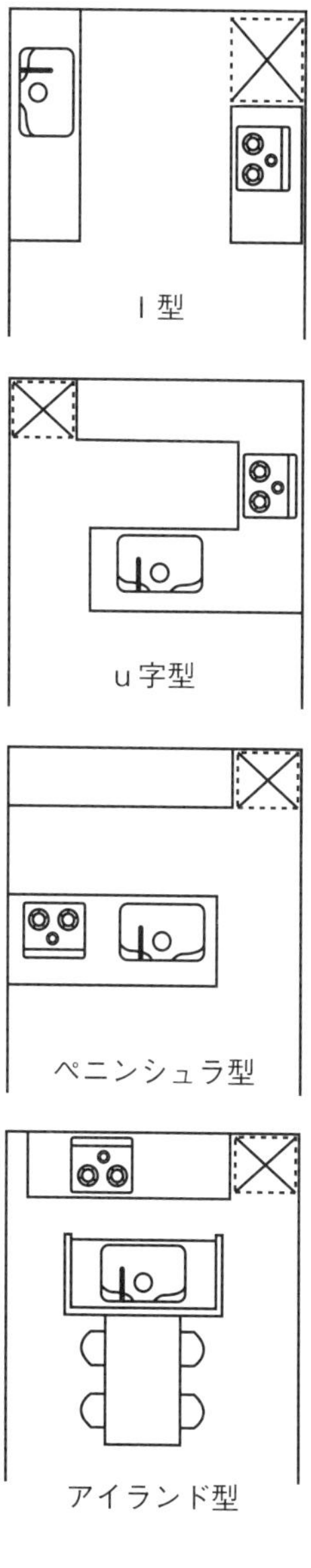


キッチンづくりには、ダイニングエリアをあわせて考えることも重要です。キッチンの近くに椅子とテーブルを置くときは、テーブルの配置がキッチンレイアウトを変えることだってあります。配膳台を兼ねたダイニングテーブルをキッチンにつなげたり、あえてテーブルは置かずに、キッチンカウンターを広くして対応する形もあります。

そのカウンターも下を収納にするのか、椅子が入るようにするのか。椅子が入れば、座りながらの作業もできるし、モーニングやティータイムにも使えます。いずれにしても、限られたスペースのなかで、機能とのせめぎ合いを、賢く判断していく必要があります。

キッチンに充てられる自宅の広さや予算をベースに、好みや自分の使い方のクセ、流儀などを盛り込みながら、あたかもパズルのようにキッチンレイアウトを検討していきます。ちなみにコスト面では、L型はI型の1・5倍ほど高くなります。

オープンタイプのキッチンが主流になってきたことで、設備機器の見た目がより重要になりました。また、技術の進歩があり、高性能・高機能の設備がキッチンを快適にしています。次項では、キッチンを取り巻く設備機器の基本を押さえながら、新しい流れを見ていきます。第5章でも設備機器について、さらに詳しく記述していますので、あわせてキッチンづくりの参考にしていただければと思います。

## 上から見ると、世界が変わる ウォールキャビネットとアンダーキャビネットは使い分ける

キャビネット（箱型収納）は、その体裁によって次のような種類があります。扉をつけないオープンタイプに、観音開きといわれる両開き戸や、引き違い戸、そして引き出しタイプです。

## 引出し収納

BLUM（デニカ）

BLUM（デニカ）

GRASS（ハーフェレー・ジャパン）

GRASS（ハーフェレー・ジャパン）

オープンタイプは、レンジや炊飯器、ミキサーなど毎日使うものが多いようです。使い勝手より、見栄えを優先する場合には、不向きになることがあります。

両開きは開口部が広いので、中に収納した物の全体がすぐにわかります。ウォールキャビネットはこのタイプが多いです。ただ扉が頭にぶつかる問題点はあります。そんなときは、上下に開閉するフラップアップやスイングアップのキャビネットで全面開放も可能です。

引き違い戸になると、片側ずつしか開きませんが、通路側が狭い場所には向いています。キャビネットの奥行きにもよりますが、両開き戸や引き違い戸は、食器や箱物が2列、3列に並ぶと、奥のものを取り出すのにひと苦労です。奥行きも大事ですね。

アンダーキャビネットは、引き出し収納がお勧めです。引き出しを引けば、上から一目瞭然に見渡せて、簡単に必要なものを取り出せます。特に引き残し部分がない「全開式引き出し」だと、さらに便利に使えます。奥に入れたかさばったものでも難なく出せるので、引き出し内部のどこも有効活用できます。今、こうした引き出し収納が主流になっています。腰や膝の負担が少なくてすむのはストレスフリーにもつながります。

以前は、箱の幅は300、450、600ミリの3種類しかありませんでした。既製品はこの決まったサイズの組み合わせのみです。オーダーキッチンなら300～1100ミリまでつくることができ、自由度はかなり高くなります。

幅とともに深さ（高さ）も重要です。お玉や菜箸、トングなどのカトラリーから深鍋まで、入れるものを想定して高さをオーダーしましょう。中の仕切り次第で、フレキシブルに収納できます。細かく仕切りたくない人には「インナー引き出し」がお勧めです。引き出しの中にもう一つ引き出しをつくるシステムです。これはコンロ下の収納で活躍します。

## 見えないパーツが機能を制す

ここで重要なのが引き出し収納の金具です。レールの耐久性や操作性を大きく左右します。これには海外製が一番で、レールの動きも実にスムーズです。ちょっと押して手を離すと、静かに滑らかに閉まるソフトクローズ機能は、静音性に配慮されています。この機能は、ものを取り出すのに両手がふさがっているときなど、実に便利です。

先にも触れたように、特に海外のキッチン現場で注目されている収納設備は、引き出しだけではありません。ウォールキャビネットの開き戸に代わるのが、フラップ扉です。幅の広いキャビネットも、軽く押しただけで滑らかに上に開き、思い通りのところで静止させることができます。ワンタッチのボタン操作で、電動で閉まるものもあります。

収納部では、レールやヒンジ（丁番）といった金具が使われます。

フラップ扉　AVENTOS HF
BLUM（デニカ）

これらの世界的メーカーとしては、オーストリアのブルム社（Blum）やグラス社（GRASS）や、ドイツのヘティヒ社（Hettich）などが有名です。なかでもブルム社（Blum）は、ボフィー（イタリア／boffi）、スカボリーニ（イタリア／Scavolini）、ポーゲンポール（ドイツ／Poggenpohl）に、また、グラス社（Grass）は、ジーマティック（ドイツ／SieMatic）やブルトハウプ（ドイツ／Bulthaup）、バルクッチーネ（イタリア／Valcucine）などのハイエンドブランドのキッチンメーカーに多く使われています。

まさに機能の要。オーダーキッチンならもちろん、好きな金具が選べます。

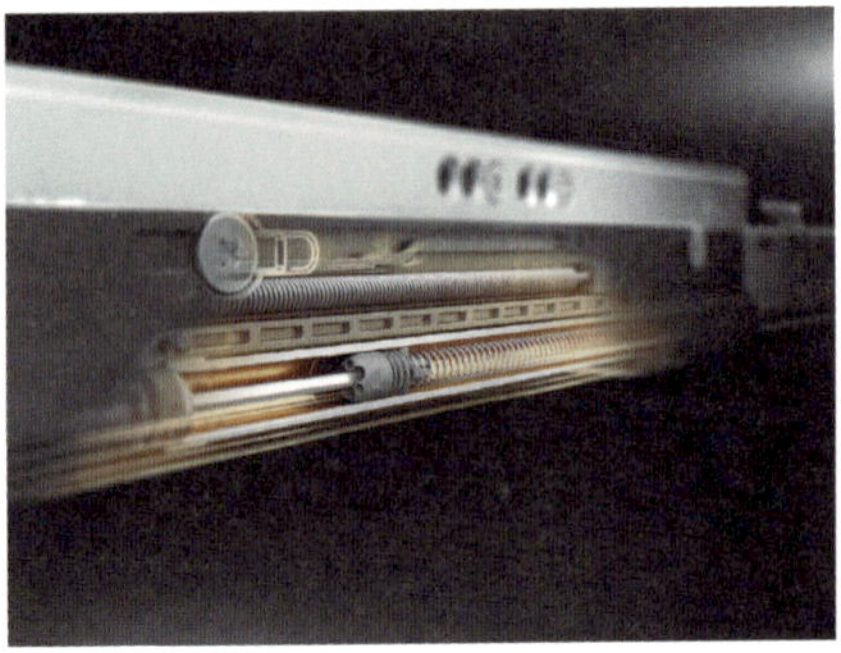

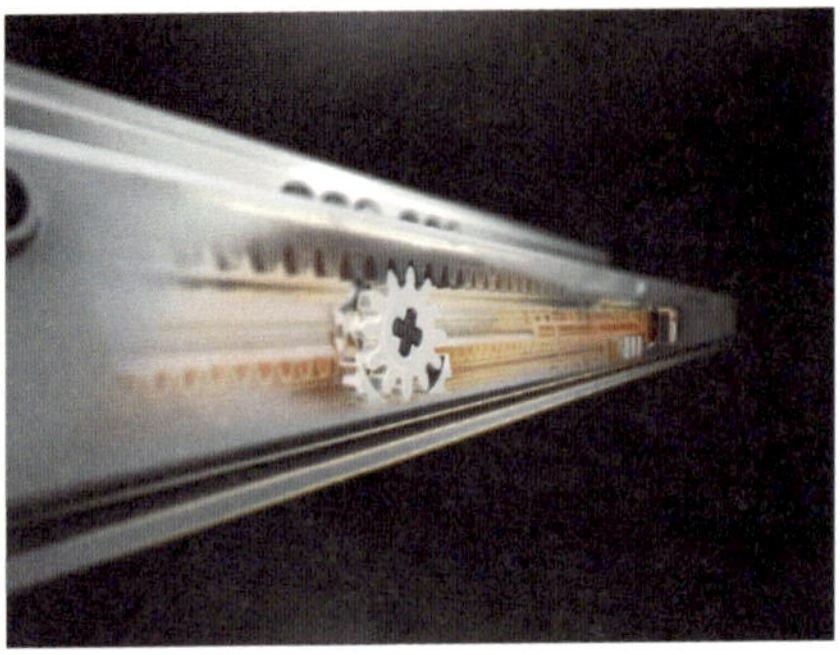

**Legrabox ダンパー CG**
BLUM（デニカ）

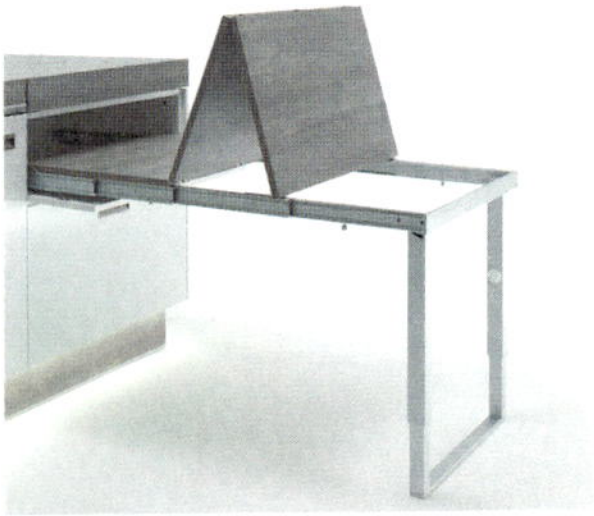

**Kesse bohwer**
（ハーフェレー・ジャパン）
こんなパーツを使うとキッチンに
ダイニングテーブルを組み込める。

**キッチンダイニング家具**
（ハーフェレー・ジャパン）

**キッチンダイニング家具**
（イヨベ工芸社）

## 食器洗い乾燥機は、使うほどトクをする

キッチンの定番になりつつある食器洗い乾燥機。欧米では90％以上の家庭に設置されているといわれていますが、日本は30％ほどのようです。キッチンに組み込まれたビルトインの食器洗い乾燥機は、片づけという作業をスマートなものにしてくれます。より高品質へのキーワードは、強力な洗浄力に加え、静音化とエコ強化。

運転音は日本製の場合、幅４５０ミリタイプで35dB（デシベル）前後の機種も登場してきています。幅６００ミリの海外製では42～44 dB。図書館の館内が40 dB程度といわれているので、各社の静音化は着実に進んでいるようです。

食器洗い乾燥機は、お湯を流しっ放しで手洗いするよりも水道代と光熱費が節約できる、というデータがあります。他にも機械ならではのメリットは、手で洗うときには使えない熱湯で洗浄できることです。スポンジやふきんを使わないから、雑菌による再汚染が防げて衛生的でもあります。機械にお任せで、時間の節約もできます。ちなみに、食器洗いに年間約一週間を費やしているともいわれています。そもそも日本の食洗機は、パナソニック（旧松下電器産業）グループの創業者松下幸之助が、女性を家事から解放するために考案したものだそうです。

エコに関しては、日本製品と欧米製品では、捉え方に違いがあります。日本製の開発には、「少

ない水できれいに洗う」という節水を大きな課題にしていました。水が少なければ、付随して光熱費も節約できるという考え方です。一方、欧米のエコは、「水も電気も節約する」という取り組みです。詳しくは、第5章「国内製と海外製だったら、食器洗い乾燥機はどっちがいいの？」で記述していますが、節電に積極的に着目して開発を進めています。

地球温暖化問題に直面しているエコロジーは、世界全体で取り組むべき大きな課題です。各国とも、目標値に向けたＣＯ２排出の削減に躍起になっています。特にヨーロッパは、その意識が高いようです。

国内のビルトイン式の食器洗い乾燥機が登場して30年になります。かつて取り決めが行われた京都議定書に基づき、日本政府が打ち出した対策のなかの一つに、食器洗い乾燥機が節水に有効とありました。15年くらい前のことです。食洗機が贅沢品から、一般家電へと仲間入りし始めたのが、この頃からです。２０２０年からはパリ協定のもと、新たな国際ルールで地球温暖化対策が始まります。

あるメーカーの食洗機チームの人が、こんなことを言っていました。「家電に対する認識は、『手間が省ける分、コストを払う』というものです。事実、多くの家電についてはその通りです。でも食器洗い乾燥機だけは、使えば使うほど得をする」と。

## ＩＨクッキングヒーターかガスコンロか

かつては、加熱調理機器の熱源といえばガスに決まっていました。もちろん、ラジエントやハロゲンといった電気ヒーターがありましたが、電気はパワーが弱いし、電気代が高くかかったのです。こうした熱効率や光熱費に問題があり、一般の家庭ではガスコンロを使っていました。でも今は違います。熱効率を格段に高めたＩＨクッキングヒーターの登場で、キッチンの様相も一変しました。

パワーは電気を無駄なく活かす高火力で、微妙な火力調整にも対応できます。ガスに見られるゴトクのような出っ張りはなく、クックトップがフラットなのでお掃除が楽。頭を悩ましがちなキッチンの汚れは、これで一挙に解決します。裸火がないことは、吹きこぼれによる火の立ち消えや、不完全燃焼がないという安心感につながります。

この他にも、燃焼に伴うガスや水蒸気の発生がないので、結露やカビの発生が抑えられ、ダニの発生も防げます。こうしたクリーンな空気で快適な室内は、健康的な暮らしを支えます。さらに、電子制御なのでタイマーはもちろん、油の温度調整もスイッチ一つで簡単にできます。

一方で、ガス派にはやはり「火」が見えないと勝手がわからないとか、鍋を振りたいという根強い支持があります。ガスコンロについては、次項の「ガスコンロがミニオーブンにも」と第５

章で記述しました。

オール電化の住宅では、ＩＨなどの電気ヒーターしか選べませんが、併用住宅の場合、ガスかＩＨか、どちらにするか迷うところではあります。そんなときには、ガスとＩＨのコンビという手があります。これは、異なった熱源を組み合わせてコンロを構成することで、両方のいいとこ取りをして調理ができるというものです。

## ガスコンロがミニオーブンにも

欧米、特に米・英国やドイツでは、オーブン料理が中心ですので、オーブンがあれば電子レンジは不要という家庭も多いようです。なかには、電子レンジは食べ物に含まれるビタミンを破壊するという理由から、使わないという人もいます。日本では、調理のかなりの部分を電子レンジに頼っています。これは料理法の違い、文化の違いによるところが大きいのではないでしょうか。

海外のキッチンでよく目にするのが、コンロが置かれたすぐその下が、全て収納になっているケースです。もちろん、下にオーブンが設置されていることもあります。ところが、日本ではコンロ部分とその下のグリル部分が、一体になっているのが一般的です。そのグリル部分が今、主に魚を焼くだけで使っていた時代から変貌しています。

ガスコンロの庫内といえば、焼き網が定番だと思っていませんか。それがない！　焼き網からプレートパンとキャセロールの専用容器に変わり、「焼く」だけではなく、「煮る」「蒸す」「ノンフライ」など、従来のグリルではできない調理が可能になっています。パエリア、茶碗蒸し、ポトフ、ケーキもでき、グリルのイメージを一新しているのです。焼き網のお掃除から解放されるだけでも十分嬉しいのに、料理のレパートリーも広がります。

この他にも、ダッチオーブンやココットなどと名づけられた専用の鍋を使って、「焼く・煮る・蒸す」をこなす本格的な肉料理・魚料理や、パン・ケーキも手軽につくれるようになっています。フッ素加工でお手入れも楽々。昔のガス機器とは雲泥の差です。

一つの加熱調理機器が、「アレもできる、コレもできる」と多機能に変身。早い話、ガスコンロがあれば、オーブンもオーブントースターも炊飯器もなくてもいいわけです。自分はどんな料理を多くつくるのか、つくりたいのか。そして、どの調理機器でつくりたいのか。加熱調理機器選びは、キッチンづくりの一つの大きなポイントです。

# キッチン掃除の敵はレンジフード

キッチンをきれいに保つのに欠かせないのが、油や煙を回収するレンジフードです。レンジフードは、換気扇部分のファンシステムと、油煙などを集めるフード部分からできています。かつては、加熱調理機器が置かれた前の壁上に、フードが付いてないファンシステムだけの換気扇が一般的でした。レンジフードは、キッチンのレイアウト次第で置く場所が決まり、その置き場所によって、３つのタイプになります。

まずは、壁面取り付けタイプ。キッチンレイアウトでいえば、例えばⅠ型、Ⅱ型、Ｌ型、Ｕ型がこのタイプです。２タイプ目は、壁面でもペニンシュラ型だと横壁になることがあります。３タイプ目が天井設置で、アイランド型がこれになります。

レンジフードのファンにも3種類あります。プロペラファン、ターボファン、シロッコファンです。壁にむき出しに取り付けられた換気扇が、プロペラファンです。ひと昔前の戸建て住宅に使われることが多く、今は大半がフード付きになっています。プロペラファンは、外風の影響を受けやすく、少々の外風でも排気が急激に落ちてしまいます。

レンジフードの主流はシロッコファン
（富士工業販売）

ターボファンは、プロペラファンに比べると外風にも強く、自由度の高い取り付けができますが、音が大きくなってしまいます。プロペラファンと同様に、壁面に取り付けます。

壁面だけでなく、天井にも取り付けられるのが、主流になっているシロッコファンです。その理由は、静音であり、外部の風に影響を受けにくいという点からです。

きれいなキッチンと隣り合わせといえるかもしれないのが、レンジフードの汚れです。多くの人にとって悩みの種であり、主婦が嫌いなお掃除の上位になっています。何といっても、厄介な油煙による汚れ。そこで、油がつきにくい素材を使用したり、ついたら、はじく・浮かせる状態にするなど、油対策は各メーカーの頑張りどころです。極力お手入れしやすいようにと、油煙を効率良くキャッチする整流板や、フィルターをなくしたフィルターレス、凹凸を少なくするなどの工夫も凝らされています。

機能面では強力な排気能力、静音性、自動で換気を調節するエコ運転で、リビングやダイニングを快適にガード。加熱調理機器と連動してオン・オフになる機能付きのものもあり、これでつけ忘れ・消し忘れの心配がなくなります。

コラム

Kuriya・厨のこぼれ話①

# 侮れない金具の力。オーダーキッチンだからこそ本物にこだわりたい

キッチンに求められる重要な要素として、快適性と耐久性があります。その一つのソリューションが金具です。

ブルム（オーストリア／Blum社）は、全世界のキッチンレールのシェア80％を誇る金具メーカーです。各パーツも自社開発にこだわりながら、機能金具システムを開発し、家具・キッチンメーカーにも提供。また、職業訓練学校を併設して、最高品質のブルム社製品をつくる将来の匠の育成に努めています。

機能は本文（第3章「キッチンＥＸｐＯで好評だったオリジナルキッチン」）で紹介するチップオンや、ブルモーションの他にも、引き出しの最後が自動的に引き込まれるブルマチック機能、ハンドレスの引き出しを軽く押しただけで開くチップオン機能に、サーボ・ドライブ機能（電動式オープンサポート）を搭載することもできます。

いずれも「扉を簡単に開けて、静かにやさしく閉める」ということを追求し続けて、生まれたものたちばかりです。

ブルムの引き出しには、最上級クラスの「レグラボックス」の他、全開式引き出しの世界的なベストセラーになっている「タンデムボックス」のシリーズがあります。「タンデムボックス」は、今でこそ当たり前ですが、初めて引き出しの側面とレールが一体化した画期的なものでした。よりスムーズに、より便利にと、全てはここから始まりました。また、内部の仕切り用のパーツも充実して、より整理整頓しやすくなりました。

キャビネットの開閉一つを取っても、キッチンワークの作業性と関わってきます。人間工学に基づいてしっかり開発されたものには、変わらない良質さがあります。「たかがレール、されどレール」です。名ばかりのものも決して少なくありません。騙されてはいけません。

レールのスムーズさや耐荷重など、品質をきちんと見極めて選び抜く視点が、オーダーキッチンづくりには重要です。

パントリー収納にも活用

引き出しレール

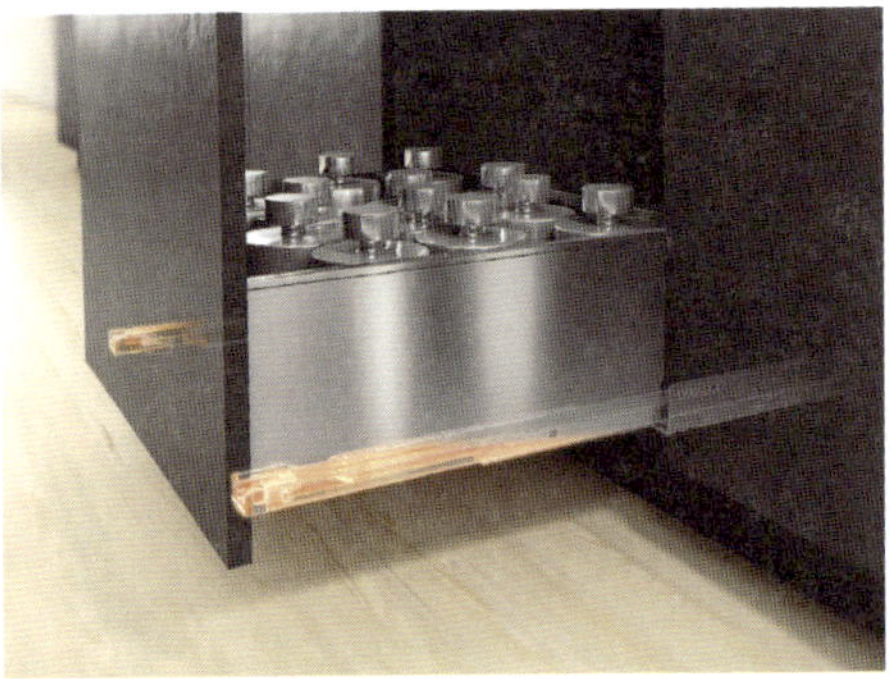

動荷重は 40kg

## BLUM Legrabox シリーズ

# 第2章
# 貴女らしさを活かすオーダーキッチン

# 快適で楽しくなるのが本当のリフォーム

住まいをより良くしたいと思うのは、誰しもの気持ちでしょう。住宅が古くなったので全面改装する、ライフスタイルの変化によって間取りを変更する、設備の寿命がきたので交換する、高齢化に対応する、もっと快適に暮らしたいから、徹底的にインテリアにこだわる……。リフォームの動機は、各家庭によってさまざまでしょう。

つまり、リフォームするということは、暮らしを快適にするためであったり、美しさを取り入れるため、賢い暮らしのため、最新の技術を享受するためであったりします。いずれにしても、新しい暮らしを期待させてくれる出来事に違いありません。慣れ親しんだ愛着がある家に住み続けることができ、建て替えと違って、引っ越す必要がない場合もあるなど、リフォームには新築にはない良さもあります。

リフォームの心構えについてですが、リフォームはともすれば現状の不便、不満などマイナスを解消して、原点に戻すと考えがちです。それはリペア（修理・修繕）で、それよりさらに、プラスになるものでなければ意味がありません。例えば、老朽化したから浴槽を取り替えるのではなく、バスライフそのものを変えたいから、リニューアルしていくというものです。バスルームは自分と向き合う大切な場ですから。

キッチンもそうです。自分の思い描く理想のキッチンができれば、料理はもとより、片づけまでも楽しくなるかもしれません。そこにいるだけで幸せな気分なれるってことも、きっとあるはず。「思い切って暮らしを変えるリフォーム」という意識の大切さです。「修繕」から「暮らし変え」へ。リフォームは快適性への満足だけでなく、日々の暮らしを豊かに彩ってくれます。

リフォーム計画で要望が多いのは、キッチン、浴室、トイレなどの水まわりの改装です。収納スペースを口にする人も多くいます。水まわりのリフォームに関していえば、設備機器の寿命から、だいたい築15年くらいがメドになります。

## 貴女が輝く、オーダーキッチン

誰にとっても快適で、使いやすいキッチンというのは存在しません。どんなキッチンが使いやすいかは、生活形態や家族構成、家庭で好んでつくる料理によっても大きく変わってくるからです。住宅を購入するときは、わが家に合ったキッチンかどうかが、住宅選びの重要なポイントになります。

ハウスメーカーや設計事務所などで新築するときにも、キッチン選びは頭を悩ますところです。既製品は、大量生産を前提に規格化されたパーツの組み合わせです。それは、モジュールという決まった基本寸法に基づいているので、制約を受けます。自宅の広さや間取りの都合もあるでしょうから、なかなか希望通りにはいかないものです。もちろん、限られた予算のなかで、欲しかったけど諦めざるを得ない、といった制約もあるでしょう。

キッチンに満足してない理由として、よく聞かれるのはレイアウトやデザイン問題、シンク・コンロ・レンジフードなどの汚れ、そして収納問題です。使い勝手の悪さには、使い始めて気づくことがあります。ライフスタイルが変わり、現状では使いづらくなってしまった、というケースもあるでしょう。

メーカー各社は商品開発に努力を重ねているので、ユーザーの不満のいくつかは、登場してきている新しい設備機器で解消できます。問題はやはり、レイアウトやデザインが絡んだ、自分の理想に沿ったキッチンかどうかです。

これを実現するのが、自分のためにカスタマイズされた「オーダーキッチン」です。家族がつながり、間取りがつながり始めたキッチン。今度は、自分とキッチンがどうつながっていくかです。そんな自分らしさを追求した先に、「オーダーキッチン」があります。

キッチン設備メーカーが、２０１７年首都圏居住者に実施した調査項目に、こんなのがあります。

「あなたは、もし住宅の購入やリフォームすることになったとしたら、キッチンにこだわりたいですか」。それに対して、そう思う44・7％、ややそう思う35・9％、どちらともいえない14・3％、あまりそう思わない3・5％、そう思わない1・6％という結果でした。つまり、約8割の人がキッチンにこだわりたいと思っているのです。

続けて、「あなたは、もし住宅の購入やリフォームすることになったとしたら、キッチンを自分らしくカスタマイズしたいと思いますか」。それに対しては、そう思う36・4％、ややそう思う36・1％、どちらともいえない21・3％、あまりそう思わない4・3％、そう思わない1・9％。ここでも、7割以上の人がカスタマイズしたいと思っている結果になりました。（出典／リンナイ）

この調査からもわかるように、今や「家の主役」とも譬（たと）えられるキッチンへの関心は、非常に高いということです。

ところで、一種のブーム的にもなっていますが、自宅で教室を開いている「サロネーゼ」という生き方があります。自宅で料理や、お菓子、パン、テーブルコーディネートなどを教えている人たちです。多くの場合、そのステージになるキッチンスペースは、「ありきたりは嫌！」とでも言うように、自分らしくこだわり抜いた世界です。それは、料理研究家の自宅キッチンにもいえるかもしれません。雑誌やテレビなどでもよく紹介されるので、目にする機会があり、随分と身近になっています。

それを見るにつけ、「キャビネットと配膳台のバランスが使いやすそう」とか、「シンクの前の壁をこんな風におしゃれにしたい」「あの扉材の色が素敵」などと、むしろそちらに目が行ってしまうことも。印象は人それぞれでしょうが、オーダーキッチンへの憧れを後押ししている側面がある気がします。

## 「オーダーキッチンできます」を信用していいのかな？

キッチンづくりで、まず大きな壁はどこに頼むかです。「まえがき」にも触れましたが、オーダーキッチンを扱うところは数多くあります。専門業者、工務店、建築設計事務所、リフォーム業者、住宅設備メーカー、家具・インテリアショップといったところです。

住宅設備メーカーがオーダーとはいえ、やはり自社の設備機器を勧めて構成するのは、致し方ないかもしれません。専門業者のなかには、部材屋さんが看板を掲げていることもあります。例えば、天然木にこだわった家具工房で、木製主体のキッチンを、板金製作所で、ステンレスキッチンをつくってもらうなどのようなケースです。

工事は、新築の場合とリフォームの場合があります。新築の場合、家全体を依頼している工務店や設計事務所に、ついでに一緒に頼んでしまうケースも多いのではないでしょうか。家づくりという膨大な作業が控えているなかで、決めていかなくてはいけないことが山のようにあります。次項でオーダーの流れについて述べますが、彼らのキッチンに費やせる十分な時間があるかどうかです。

僭越ながら、一級建築士事務所や工務店が、必ずしもキッチンのデザインや設計が上手とは限りません。特に「男子厨房に入らず」の人がつくるものは、単に部材を組み合わせただけになってしまう傾向が強いのです。住宅設備メーカーへと、丸投げしてしまうケースも多くあります。

家具・インテリアショップは、ショップが扱っているスタイルに関係してくると思います。やはり得意、不得意分野があるでしょう。テイストが自分に合っているかどうかの見極めが肝心です。

オーダーキッチンのパートナー選びは、はなから色がついた業者ではなく、じっくりと時間をかけて取り組んでもらえて、キッチンに精通していることが大前提になるでしょう。依頼先の知識量の違いは、プロセスや仕上がりの大きな差になって現れます。しかも、トータルインテリアとして、キッチンを提案できるところがいいのではないでしょうか。要は、ホームドクターのようなホームキッチンデザイナーを探すことが重要です。

## これが、賢いオーダーキッチンの頼み方

オーダーキッチンができるまでの流れは次のようになります。

### オーダーキッチンづくりのステップ

**パートナー選び**

◀普段から料理をしている人を選ぼう。デザインだけに走り、使い勝手が提案できない人は避ける。情報共有ができないばかりか、経験値の差は大きい。

**打ち合わせ**

◀こちらの思いを伝える場なので、時間を費やすことが大事。予算や優先順位も先に伝えること。

**プランニング（詳細打ち合わせ）**

◀レイアウト、設備、機能、デザイン、素材の打ち合わせはイメージを共有するために、写真などを準備すると良い。

**プレゼンテーション・見積もり**

◀プレゼンテーションで扉や、カウンタートップ、設備機器などの仕様確認と、見積金額を確認し、要望と現実の擦り合わせをする。

**契約・発注**

◀契約時に、支払い方法などの確認をする。制作日数の確認や工期の確認も忘れずに。

**工事・セッティング**

◀ビフォー、アフターの写真を撮っておくことで、既存のキズか工事中のキズかでもめることを防ぐ。（リフォームの場合）

**完　成**

◀キッチン動作やキズなどの確認をする。取扱説明書の確認も。

**アフターメンテナンスのチェックも忘れずに！**

まずは、現状のキッチンをじっくり見つめ直します。今までの生活経験から学んだことを、自分なりに整理することから始めます。どこが不満なのか、一体どうしたいのか。項目別に細かく考えていくのもいいかもしれません。デザイン性、機能性、清掃・メンテナンス……。その優先順位は？　絶対に譲れない点なども書き出してみましょう。自ずと自分のくくりが見えてきます。

打ち合わせは、そのメモがもとになります。さらに自分の思い、イメージを伝える方法として有効なのが、算数より国語、国語より図画ということ。つまり、一つの答えを抽象的に言うより、言葉を使って表現していくことと同時に、雑誌の切り抜きや、メーカーのカタログ写真などのビジュアルで指し示すこと。こうすれば、言葉と絵でよりイメージを共有しやすくなります。

例えば、オーダーするときの整理整頓はこんな具合です。

## 自分のライフスタイルを分析

**＊料理は好きか？　何系が多いか？↓**　コンロ選択の幅が変わります。魚を焼く？　焼かない？
これだけでもコンロ選びは変わります。

**＊頻繁に料理するか？↓**　機能性重視か？　この場合、動線にはしっかりこだわりましょう！

**＊ものを捨てられないか？↓**　収納力にこだわる？　プランニングに大きく関わってきます。

パントリーの確保も忘れずに。

**＊掃除が好きか？↓**　メンテナンス優先か？

**＊見栄っ張りか？↓**　人に見せるキッチンにしたい＝デザイン優先。

**＊流行に敏感か？↓**　トレンドのデザインや機器を使用したい。

**＊欲張りか？↓**　希望するものを全部叶えたい。

右記を整理して、依頼するキッチンデザイナーに伝えます。要望は、少し多めに伝えることです。予算に応じて削除できるようにしておきましょう。

今あるキッチンの写真を用意するのは、完成後にもめごとを回避するだけではありません。現状の不満点が明確になり、要望の整理にもなるし、そこから見えてくるアイデアがあるかもしれません。それが仕上がり、使いやすさを実感したとき、大きな満足感につながるというものです。それでもまだまだ、自分のなかでは煮詰まらないもの、表現できないこともキッチンデザイナーとのやり取りのなかで、輪郭が見えてくるような打ち合わせになれば、素晴らしいです。

こうしてじっくり話し合いを重ねた内容をもとに、大まかなプランができ上がります。キッチンの基本形状がI型なのか、L型なのか、アイランド型なのかが決まり、構成するキャビネット類や、採用する設備機器とメーカーなどをセレクト。さらに、カウンタートップや扉の仕上げ材と色、柄をどうするかなどを検討します。重要なのは、空間全体のなかで、キッチンとインテリアとの融合が図られることです。

次が、トータルに配慮したプランをまとめたプレゼンテーション段階です。あわせて見積書も作成されます。予算との兼ね合いを図りながら、採用するものや削るもの、変更するものを吟味していきます。

計画が決まり、いよいよ要望品を発注して、製作に入ります。製作の内容にもよりますが、解体から設置まで2、3か月くらいはみておきましょう。オーダーキッチンを依頼する人は、外国製品をビルトインしたいと望まれるケースも多いです。なかには、輸入が必要なものもあるので、時間に余裕をみること。私のお客様で、日本在庫のない引き出しレールを望まれ、3か月待ちました。（コラム「施工事例①」で紹介）

## 既製品のキッチンとオーダーキッチンでコスト差は？

オーダーキッチンをつくることとは、既成のキッチンとは違う良さがあることをお伝えします。まずは、自宅にぴったり合ったサイズ、形状でつくれることです。変形したスペースやどうしても取り外せない柱や梁、下がり天井があっても自在に、無駄なくスペースを活かせます。色、素材も特注できます。オーダーキッチンの基本は、ビルトインです。悪条件があったとしても、見た目にすっきりとした空間に仕上がります。

住設備に関しては、既製品でいらない機能が付いていたり、それを外せなかったりということがあります。それこそ、「Aメーカーのここと、Bメーカーのここを合体した～い」モードです。オーダーでは、自分の欲しいものだけを選べばいいし、ないものは造作してもらえます。

シンク、水栓、コンロ台、収納部などを組み合わせて、それらを一枚のカウンタートップで一体化させたものをシステムキッチンといいます。多くのショールームでは、これらを標準装備して展示。一方で、部材やパーツのオプションが多く用意されているので、価格はあくまでも参考程度です。あれこれと選んでいくと、価格は跳ね上がります。システムキッチンは、たいていランクごとに統一されています。そこで、特定のメーカー以外の製品は選べなかったり、選べてもオプション料金が発生したりします。

価格についてお話すれば、大きなメーカーは、材料を安く購入できるという特典があります。同じものを大量に購入して使うことで、原価コストを下げることができます。

そこで、同じものをたくさん製造しなくてはなりませんから、どこにでもある金太郎飴になります。それをブランドと呼んでいます。ユーザーは、みんなと同じものをただ買わされているのます。メーカーの既製品には、膨大なカタログやショールームをつくる費用も価格に含まれています。

国内のシステムキッチンで組み合わせた場合と、オーダーでつくった場合を比較してみると、オーダーの程度にもよりますが、さほど大差ないのではないでしょうか。オーダーキッチンの場合、形はシンプルでもパーツにこだわるとか、見た目を重視して、設備機能は最低のものがあればいいなど、思いのままです。

しかも、限られたものからではなく、見合った価格の全てのものから選べます。本当に欲しい機能や設備がオーダーでき、素材や設備の選び方次第では、コストダウンも図れます。オーダーの方がリーズナブル、というケースだって可能です。

現場の条件で諦めていた形の実現、限られた予算のなかでも、絶対に譲れない希望を取り入れたスペース、ライフスタイルぴったりにセレクトした設備機器……。多少、多くの時間を費やしたとしても、自分だけのキッチンを手に入れる喜びというのは、プライスレスという価値をもたらしてくれるはずです。

コラム

Kuriya・厨のこぼれ話②

## システムキッチンの先駆けは、ドイツ・フランクフルトにあった

シンクやキャビネット、調理台などが一体化したシステムキッチン。ごく一般的に見られるキッチン風景です。この原型ともいわれるのが、ドイツ・フランクフルトの市営住宅で採用されたキッチンスタイルです。

１９２０年代、第一次世界大戦後のドイツは住宅不足にあり、庶民の公営住宅の建設が急務でした。当時の一般的な集合住宅は2部屋しかなく、その一つは台所であり、食堂であり、居間であり、バスタブが置かれるなど、多機能なスペースであったようです。

この部屋を引き戸で仕切ることによって、煙やニオイ、ゴミなど衛生面から居間と台所を独立させました。広さは4畳（1・87メートル×3・44メートル）ほど。コスト面から量産化が前提で、主婦がいかに効率良く作業できるかが課題でした。これが、１９２６年に完成した「フランクフルト・キッチン」といわれるものです。設計したのは、マルガレーテ・シュッテ＝リホツキーという若いオーストリアの女性建築家でした。

統一されたデザインは、縦長のスペースにL型にレイアウト。窓に向いた短辺のところが調理

台になり、その右の長辺の壁に沿ってシンクと収納棚が並びます。コンロ類は、もう一つの長辺、収納棚に向かい合うように設置。その間の通路は幅86センチ。ドイツ人には、やはりちょっと狭そうです。その横が、リビングダイニングにつながる扉になっています。

他にも引出し式調味料入れ・食料保存棚・回転椅子・折りたたみ式アイロン台等々、今でも便利なものが揃っています。この歴史に残るキッチンは、システムキッチンの先駆け的存在と位置づけられ、主婦の労働時間の合理化、省力化を図ることで、女性の解放に寄与しました。一方で、女性を狭い台所（現在の独立キッチン型）に縛りつけ、家族のコミュニケーションを奪ったということで、やがて批判に晒されることになります。

キッチンは、女性の人権確立や社会進出と深く結びついた象徴的な場所だったのですね。

出典：『ナチスのキッチン――「食べること」の環境史』（水声社　藤原辰史著）

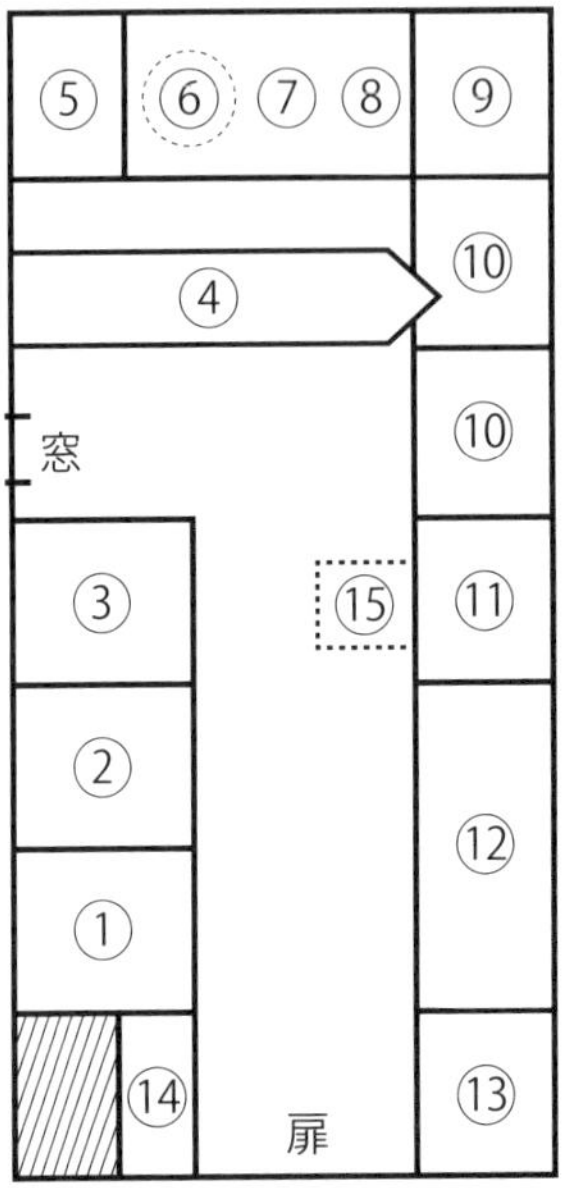


**フランクフルトキッチンの見取り図**

① 竈（基本的にはガス。電気は少数）
② 置台
③ 料理保温器
④ アイロン台（折りたたみ可能）
⑤ 食料保存棚
⑥ 回転椅子（アンダーカウンター）
⑦ テーブル（調理台）
⑧ ゴミ入れ（引き出しになっている）
⑨ 水切り板
⑩ すすぎ用流し
⑪ 備蓄品（小麦や砂糖など）の引き出し棚（そのまま運び出し可能）
⑫ 深鍋棚
⑬ 掃除用品棚
⑭ 暖房器具（放熱器）
⑮ 可動式の置台

# 第3章

# belugaは、オーダーキッチンをこうつくる！

# 話し合ってつくるから、ストレスが溜まらない

好きなものに囲まれて過ごす、かけがえのない暮らしのシーンは、憧れにも似た光景です。そんなお気に入りの空間は、心地良い暮らしとなり、それは豊かな人生へとつながります。キッチンだけを変えることで、家全体が、そして家族みんなの暮らしが変わることだってあります。

仕事や子育てなど、ライフスタイルの変化に伴って、住まい方を見直すことも必要です。大切なのは、住まいに自分を合わせるのではなく、空間に自分の個性を描くこと。雑誌で見たキッチンや家具を自分らしくカスタマイズして、リフォームすることは、決して夢ではありません。そこには、既製品の組み合わせだけでは実現できない、自分だけのオリジナル空間が生まれます。

そんな理想の住まいを一緒につくりませんか？　心から満足いただける「暮らしづくり」をお手伝いさせていただけたら嬉しいな、と考えます。

ベルーガ（beluga社）が掲げるデザインコンセプトは4つ。

beluga
デザイン
トレンドを
取り入れた
スタイリッシュな
デザイン
ストレスフリー
身体（腰や膝）に
負担がかからない設計
メンテナンス
楽々お手入れで
いつまでも美しく
機能
先進の機能を
活用して
時間の余裕を創る

1. デザイン　トレンドを取り入れたスタイリッシュなデザイン
2. ストレスフリー
身体（腰や膝）に負担のかからない設計
3. 機能
先進の機能を活用して時間の余裕を創る
4. メンテナンス
楽々お手入れでいつまでも美しく

イギリスやイタリアなどの老舗や伝統ある工房、例えば、靴店や洋服店が「Bespoke shoes」「Bespoke suit」という看板を掲げています。ここで使われている「ビスポーク（Bespoke）・あつらえ」という言葉は、職人と話しながら仕立てていくということ。つまり、顧客の嗜好・要望を知り尽くし、一点一点吟味して、注文の品をつくり上げていくスタイルです。

belugaもまさに一緒に語り合いながら、ものづくりをしていく「Bespoke」というスタンスです。依頼者の希望に沿って、心から満足できるオーダーキッチンであるように、あつらえていきます。そこには、belugaがモットーとする「感性をあつらえる至福のキッチンでなくてはならない」という信念があります。

じっくりと向き合いながら、感性と機能性が融合した、貴女だけのキッチン空間づくりをしてみませんか。

## キッチンEXPOで好評だったオリジナルキッチン

「住スタイル Tokyo 2016 キッチンEXPO」で、belugaが考えるコンセプトに基づき、オリジナルキッチンを発表、展示しました。

理想のキッチンは、機能性、使いやすさはもちろんのこと、インテリアとしての美しさを備え、使うたびに楽しい気持ちになれることが大切です。今回のbelugaオリジナルキッチンは、最近のミラノサローネに代表されるような、トレンドの素材やデザインを取り入れながら、全体的にコンテンポラリーでシンプルなデザインに仕上げました。

### ◆アイランドキッチン

サイド・正面・カウンタートップに、大判でシームレスなトレンドの薄いウルトラセラミックストーン「Dekton（デクトン）」（スペイン／COSENTINO社）の最高ランク「AURA（オーラ）」を採用し、インテリアとして遜色のないキッチンにしています。「Dekton」はキズや対化学品抵抗性が高く、耐熱性にも優れています。

### ◆引き出し収納

扉は熱、キズ、水に強いメラミン化粧板で、トレンドカラーであるホワイトの鏡面仕上げを採用。レバーレスにして横ラインを揃え、食器洗い乾燥機を中心にシンメトリーでスタイリッシュなデザインに仕上げました。

### ◆キャビネット

カウンター下は引き出し収納にして、「動く気品」とも称される新ボックスシステム「レグラボックス」（オーストリア／Blum社）を採用。

さまざまな機能をオプション選択できるレールには、「チップオン・ブルモーション」機能を組み込みました。「チップオン」は、軽く押すだけで簡単に開く機能で、レバーがなくても開けることができます。

「ブルモーション」は、静かにゆっくり閉まる機能です。たとえ勢いよく扉を閉めてしまった場合でも、最後はしっかりスローダウンして扉は閉まります。軽い走行機能を搭載しているので、場合によっては、手を使わなくても腰や膝、足で軽く押すだけで開閉できます。開閉時、腰にかかる負担がないストレスフリーを実現しました。

日本のメーカーではなかなか実現しない、幅1050ミリの大型引き出しは、中身がひと目で確認できます。動荷重は40kgと70kg用があり、引き出しの安定感には定評があります。

インナーボックスには、「レグラボックス」用の内部仕切り枠「アンビアライン」を入れました。引き出し側板にはガラスを使い、小物も整理しやすく使い勝手を高めています。こちらも、入れたものを探す手間なしのストレスフリーです。

### ◆水栓

水栓は100年以上の歴史を持つ老舗で、世界一のシェアを誇るドイツのハンスグローエ(Hansgrohe社)を採用。フィリップ・スタルクがデザインした「AXOR（アクサー）」です。全て円柱を組み合わせたデザインで、インテリアとしてもクールな印象を醸し出します。

### ◆ガスコンロ

ガスコンロと食器洗い乾燥機は、機能性の高さと性能が良いスウェーデンのアスコ（ASCO社）を採用。4口の超強力なガスバーナーは、とろ火から6・0kwまで調理可能なので、どんなレシピにも対応します。

ステンレスのメッキノブや鋳物ゴトクはプロ仕様。ガラストップのコンロや取り外し可能なゴトクは、お手入れも楽です。

## ◆食器洗い乾燥機

アスコの食器洗い乾燥機は、シンクでの予洗いの必要がなく、水や洗剤が節約できるように考慮されています。日本特有の高さのある食器や、小鉢が置けるトレー（カゴ）があり、乾燥機能も付いて、その便利さは助かります。

庫内フィルターも、運転ごとに洗浄されるセルフクリーニング付きで、メンテナンスも楽々。家事で一番嫌な洗いものを先進の技術に任せ、時間の余裕をつくりました。

## ◆シンク

シンクは、多彩な３Ｄ機能を備えたステンレス「プレミアムシンク」（トヨウラ社）を採用。トヨウラは、日本におけるステンレスシンク＆カウンタートップのトップメーカーです。

シンクの縁に、さまざまな種類のステンレストレーやカゴを設置することで、フレキシブルでかつ立体的にシンクを活用できます。洗うだけでなく作業台にもなるので、キッチンワークが効率的で、カウンターが汚れにくいのも特長です。

排水口には、金具がないフランジレスのフィット排水仕様を採用。フランジ部分に溜まりがちな水垢や汚れがないので、使用後のお掃除も楽々です。

# beluga Kitchen Expo Photo

ペニンシュラスタイルのキッチン
カウンターとサイドとフロントは、セラミックタイルの DEKTON AURA を使用。
コンテンポラリーモダンに仕上げる

カウンターとサイドとフロントの間は、ステンレスの見切りバーを入れてスタイリッシュに仕上げる

全体の箱の割り付けは、食洗器を中心にシンメトリーにデザインする
引出しの幅は 1100 ミリとワイド

ASKO の食洗機は日本の食器も入れやすい

コンロ下の引き出しは、内引出しを付けて大きさの異なる物を整理しやすくした

チップオンブルモーションのLegraboxで作動もスムーズ

カトラリーの収納はLegrabox対応のアンビアラインを使用

引出しの側板はガラスにして内部が見やすく取りやすくした

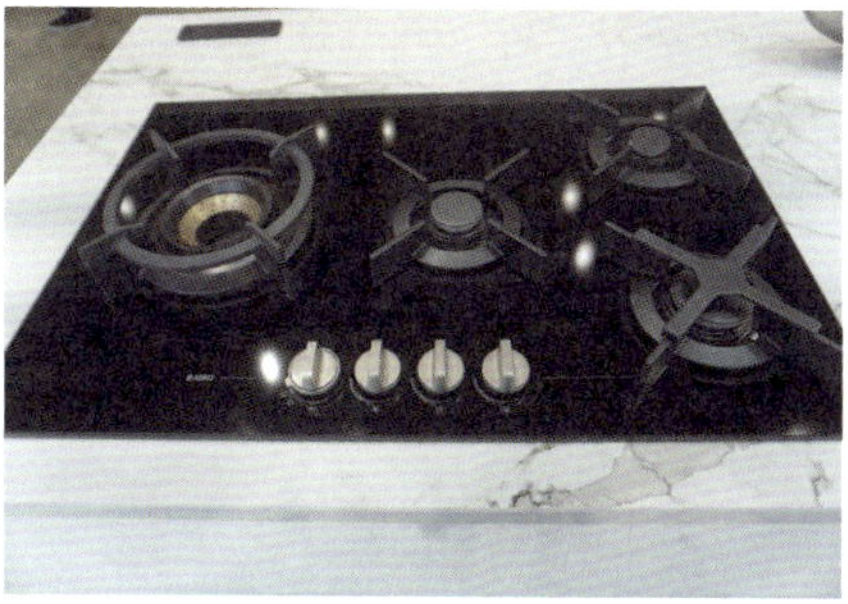

ASKOのガラスコンロはいろいろな料理に対応可能な火力のハンサムコンロです

水栓はAXOR（フィリップ・スタルク）　すっきりとスタイリッシュで使いやすい。シンクは3Dシンク

## ◆キッチンハンガーシステム・ディバイダー

アイランドキッチンは、オープンなスペースが開放的で、伸びやかな空間をつくり出します。一方で、カウンタートップの全てが見えてしまいます。アイランドにすると、「常にきれいにしておかなくてはいけないので大変そう」とか、「調理作業に緊張感が走るのでは」といった声もあり、躊躇する人がいます。

そこで、beluga オリジナルの「キッチンハンガーシステム・ディバイダー」をつくりました。要は、手元隠しのプレートです。手元を隠すために、カウンターを一段高くすることがあります。これだと、せっかくのオープンキッチンが重たく感じられ、開放感が削がれてしまいます。プレートのサイズは幅950ミリ、高さ300ミリほど。リビング側にはオリジナルのブラックガラスを使用。キッチン側はものが置けるようにしました。これで水はねにも安心です。シルバー系で統一された棚、タオル掛け、キッチンペーパーホルダー、まな板ホルダーなどのパーツ類はセレクトできます。もちろん、この「キッチンハンガーシステム・ディバイダー」は、どのキッチンにも設置可能です。

現在、このキッチンは南麻布のショールームにて展示中です。メール（beluga@beluga-inc.co.jp）にてご連絡いただければご案内いたします。

自分らしい、自分の好みに合ったキッチンするために、素材や設備機器の見極めは重要です。そのためには、それぞれの特徴を把握することです。自分のライフスタイルとも擦り合わせをして、「これを選んで本当に良かった」と思えるように、しっかり選んでいきましょう。そのための情報については、次の第4章「素材編」、第5章「設備機器編」で紹介します。

Beluga Original
Kitchen Hanger System Divider

シンク前のアクセサリーはバリエーションも多く、小物整理もらくらく

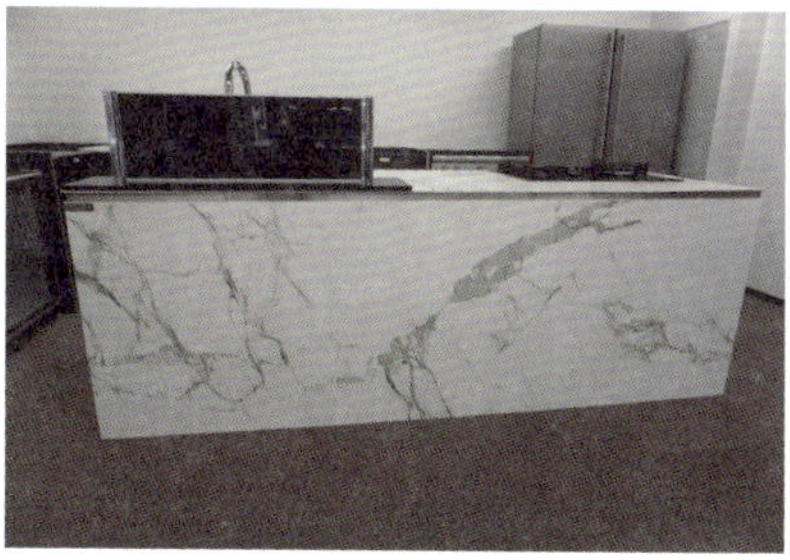

プレートをシンク前でもコンロ前でも設置可能

## 施工事例①

## つくば市　H邸　30代若夫婦　2世帯戸建て住宅スケルトンリフォーム

現在お住いのご両親の家に同居するために新しくキッチンをデザインするという目的で機器や材料、最新の商品情報収集のために各社のショールームを一緒にめぐりました。見たことのない商材や商品を手に取り、実際その使い心地を体感すると目からうろこ状態。既成概念が変わり、納得のキッチンが完成したことに大満足していただきました。

**コンセプト**　キッチンはオープンタイプの「U型（コの字型）」で機能性と収納重視！

*全体のカラーリングは、グレイッシュブラウンの木目面材に、カウンタートップをダークなグレイッシュブラウンでコーディネートして、イタリアンモダンに仕上げました。内箱のカラーも全てダークブラウンで統一。

*背面収納部分は全て扉で隠し、真ん中の扉は両サイドに収納可能なもの。使うときだけはフルオープンになる扉を設置することで、デザインと実用性の融合を図りました。

*引き出しはブルム社の新製品「レグラボックス」を採用。もちろんブルモーション機能付きです。内箱がスクエアなので、キッチンアイテムの収まりが良く、清掃もしやすくなっています。

引き出しのサイドパネルは、内箱と同じくステンレスを採用し、高級感を演出。引き出しの間仕切りは、「レグラボックス」専用の「アンビアライン」でカトラリーの整理も便利。このステンレスサイドパネルは、輸入に3か月かかりました。(当時まだ日本では使われていなかったので)

＊カウンタートップは、コセンティーノ社・サイルストーンのカラーセレクションから「UNSUI(ウンスイ)」をチョイス。クォーツストーンのなかで唯一、静菌機能があるサイルストーンなので、衛生面にもしっかり配慮したものになりました。生まれてくるお子様のためにも安心。

＊食洗器はアスコ（スウェーデン製）のエコな食洗機にしたことで、時間にも光熱費にも余裕が生まれました。

＊水栓はハンスグローエの「Talis（タリス）」でスタイリッシュに。引き出しシャワーヘッドで、お掃除もお料理も簡単。

＊キッツマイクロフィルターの浄水器は、水栓に直結してシンクまわりもすっきりです。

＊シンクはトヨウラのプレミアム３Ｄステンレスシンク。料理作業には抜群の使い勝手です。フレンジレスのフィット排水で、シンクの掃除も楽々。

＊換気扇は富士工業のアリアフィーナでスタイリッシュに。メンテナンスのしやすさにも定評があります。

＊ガスコンロはリンナイの「DELICIA」（デリシア）」。セランガラスのトッププレートでスタイリッシュに。魚のニオイも消すスモークオフ機能付きでお掃除も簡単、スマホのアプリと連動してレシピも豊富です。

字型の対面キッチンのカウンターとサイドは、クォーツストーン（サイルストーン）を使用、
体のカラーはトレンドのグレイッシュブラウンで統一しスタイリッシュに仕上げる

背面の食器棚兼収納は全てトビラで隠し、オープン部分のないすっきりとしたデザインにまとめた

収納の内部はそれぞれの使い勝手を考えて、置く物のアドレスを設定する

炊飯器用のスライド台は必須

使う頻度の多い家電置場は、アイレベルより少し下で設定。扉が邪魔にならないように作業中はサイドにスライドして収納できるようにした

L 型の角は回転収納でデッドスペースをなくす

カトラリーはアンビアラインのブラックでスタイリッシュに

いくつもの食洗機のショールームをお客様とまわって選ばれた ASKO

Legrabox のステンレス仕様は、当時日本初のスペック。商品がなくお客様には３か月お待ちいただいた

アリアフィーナの換気扇は、スタイリッシュ。
整流板付きでお掃除もらくらく

ガスコンロはDELICIA　ガラスの天板はメンテナンスもしやすい。
オープンキッチンには大敵のニオイもスモークオフ機能で解消

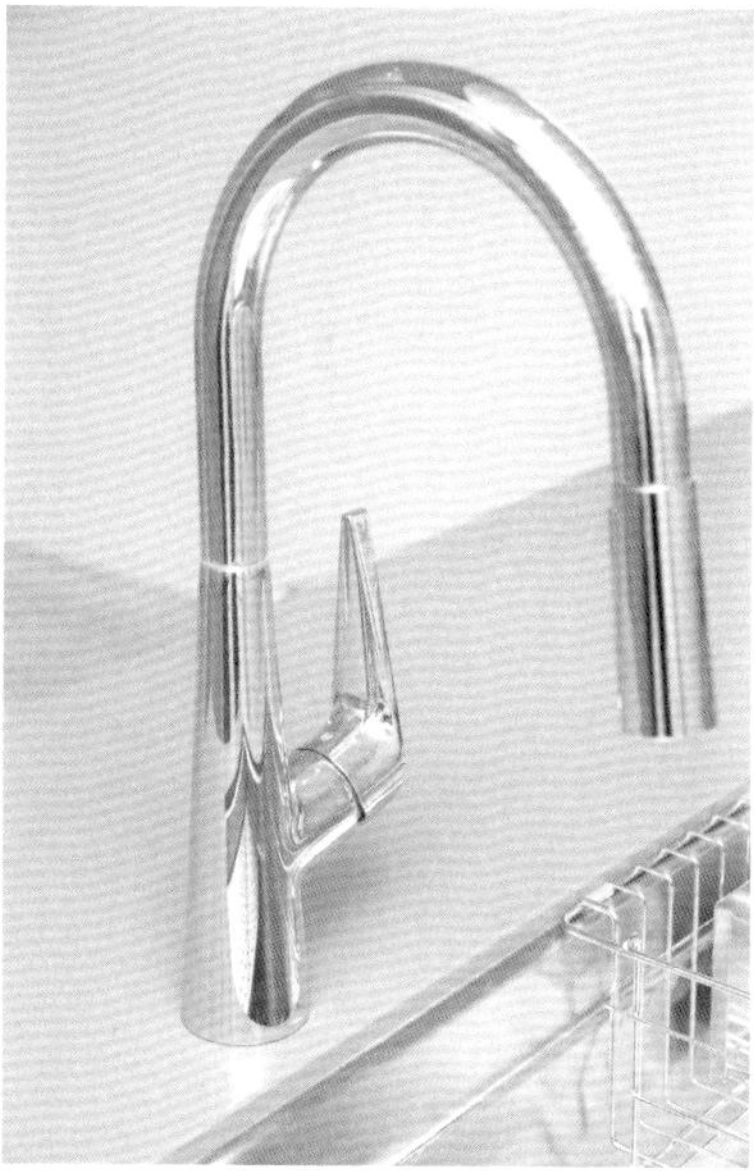

ハンスグローエの「Talis」。
先端の引出しシャワーも便利

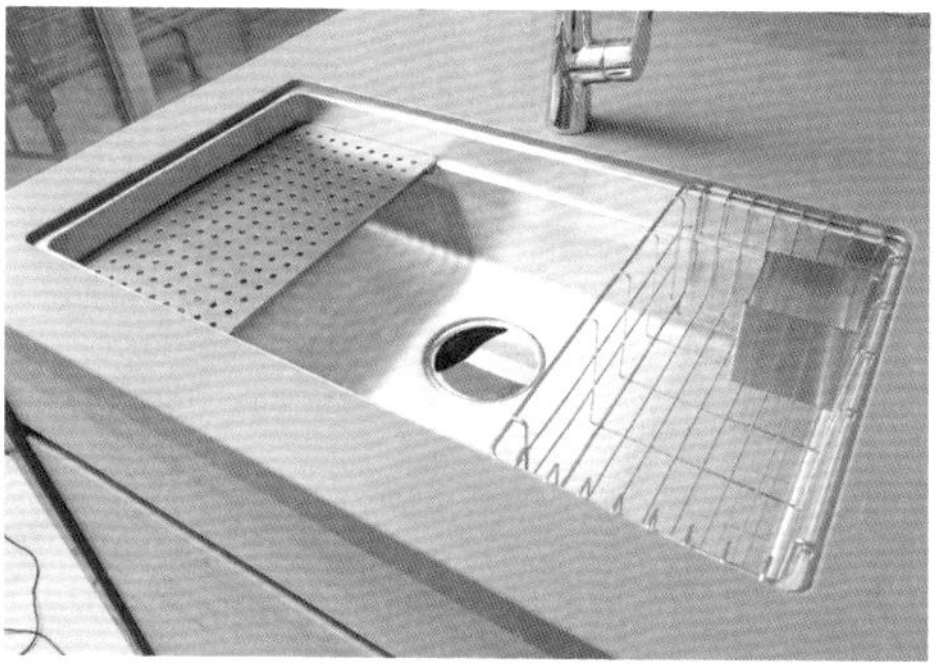

3Dシンクはプラスアルファの作業台としても使える。
フレンジレスのフィット排水でお掃除も簡単

施工事例②

# 三鷹市　S邸　70代ご夫婦二人暮らし　100㎡マンションのリフォーム

当初は、ユニットバスをホテル風にリノベーションしたいというご主人様のご要望から始まり、キッチンや洗面化粧台まで水まわり一式ご依頼いただくことになりました。

**コンセプト**　小柄な奥様に合わせた使いやすい収納や設備と動線確保

＊キッチンレイアウトはⅡ型で、一部は、リビングと対面式になっている現状のレイアウトのままでリフォームしました。

＊カラーコンセプトは「ナチュラルシック」。現状の建具のチーク色を活かし、キッチン面材を揃えました。カウンターと床は濃いブラウン色で締めて、マチュアな仕上がりに。

＊現状のキッチンは、シンクがやたらと大きく真ん中に鎮座していたので、作業台も狭い状態でした。作業台のスペース確保を優先して、シンクは極力端に設置し、３Ｄシンクで作業効率を図りました。これでお料理好きのご主人と、二人で並んで料理をしていただくことができました。

＊食洗機は小柄な奥様に合わせると高さの制限があり、泣く泣く国産のビルトインを導入。

＊ゴミ箱はずっと通路に置きっぱなし状態で、作業動線の邪魔でした。食器棚から食器を出すの

に、いちいちゴミ箱を動かさなくてはなりませんでした。幸いにもこちらのマンションはディスポーザー付きなので、食器棚の一部をゴミ箱スペースにして隠しました。

＊食器を多くお持ちなので、食器棚は整理整頓しやすく、見やすくするためにも引き出し式に。中は細かく仕切ることで、全てが一目瞭然になりました。

＊コンロはガスがお望みでした。毎日ご夫婦で料理されるとのことでしたので、鍋の移動がしやすいように、全体にゴトクを敷きつめました。ガス台の下部の引き出しには、鍋蓋やお玉の整理に便利なインナー引き出しを取り付け、スムーズな調理作業を考慮。

＊対面のカウンターを利用して、あったら便利品を設置しました。コップ置き場や台ぶきん掛け、スポンジや輪ゴム掛けなど、ちょっとしたものが掛けられるフックは、アイデア次第で活躍するアイテムです。

＊レンジフードは、今まではフィルターが丸見えで、ダスキンのカバーをつけていましたが、整流板付きのレンジフードにすることで、お手入れしやすくなり、見た目もおしゃれに変身しました。

＊水栓はハンスグローエの「Talis（タリス）」でスタイリッシュに。引き出しシャワーヘッドで、お掃除もお料理も簡単。

＊キッツマイクロフィルターの浄水器は、水栓に直結してシンクまわりもすっきりです。決して多くはない予算でもここまでできたと、大変喜んでいただきました。

既存の木建と合わせたキッチンは、
ナチュラルな木目とダークブラウン
のカラーでシックにまとめる

食器の収納は中仕切りで整理する

ゴミ置場を設置したので通路も
すっきり確保できた

既存のキッチンを壊して新しいものを入れたキッチンリフォーム

ガスコンロの下は内引出しをつけて、お玉などを収納できるようにする

ガス台は全面に五徳を敷きつめて鍋の移動を楽にした

観音開きだった下部収納を引出し式に変更。上から中身が見えるので取り出しやすい

対面カウンターの立ち上がりに小物フック等を取りつけて「あったらいいな」の実現

既存のシンクはカウンターの中央にあり、作業台が狭かったので、右端に寄せて作業台を広くし、ご主人様と二人で立てるようにした

リフォーム前はグリスフィルターが丸見えのレンジフードだったが、整流版付のアリアフィーナでお掃除もらくらく

# 第4章

# こうすれば、あとで後悔しないセレクトができる「素材編」

## カウンタートップはこうつくれ！

## □人工大理石はイメージ勝ち！

素材選びは、キッチンのメンテナンス性、耐久性とも関わってきます。なかでも広い面積を占めるのが、カウンタートップ。熱や水の影響を受け、食器・調理器具類などさまざまなものが入れ替わりたちかわり置かれる場所です。

昔から広く一般に使われているのが、「人大」といわれる人工大理石です。この素材は、大きく2種類に分けられます。

ちょっとその前に、「人造大理石」と「人工大理石」と似たような名前についてです。本来、この2つには違いがあります。人造大理石は、天然の石などを粉砕して樹脂で固めたもの。一方、人工大理石には天然石は使われず、アクリル樹脂やポリエステル樹脂を主成分にしたものです。ただ、基本的に樹脂が配合されたものは、天然石の有無にかかわらず、全てどちらかの言葉でくくって使っているのが現状のようです。

人造もしくは人工大理石という名称は「名前勝ち」、といったところがあるかもしれません。この名称のおかげで、「ヘェ〜、大理石！」と、それはまるで天然大理石を彷彿とさせる、高級感あふれたイメージを確かに植えつけました。

カウンタートップに使われる人工大理石の一つ、ポリエステル系人工大理石は、日光による紫外線や熱で変色しやすく、反りが発生しやすい。さらに汚れが落ちにくく、キズなどの補修ができません。こうした使い勝手の悪さから、最近ではクオリティの高いキッチンでは見かけなくなりました。

なぜ、広く使われていたかといえば、それは、もう一方のアクリル系人工大理石にもいえることですが、取り扱う業者にとって、安価で加工性が良く、天然石と比較して軽いので持ち運びが楽だという理由からです。ユーザーにとっても、色、柄が豊富で、そこそこ高級感が出せて、かつ価格が安ければ使わない手はありません。

アクリル系の特徴は、ポリエステル系と比較して衝撃に強く、キズやカケなども補修できるのでメンテナンス性にも優れています。熱に対しての強さは、各メーカーの製品で違いがあります。基本的には、火からおろした鍋やフライパンを直接置くことはできず、鍋敷きが必要です。

世界的に有名な「デュポン・コーリアン」（ＭＲＣ・デュポン社）も、アクリル系人工大理石です。熱可塑性樹脂なので、曲げ加工が可能なためデザイン性に優れます。美しさや磨いて汚れを落とせるメンテナンス性もあり、広く使われるようになりました。耐熱性に関しては、タバコの火程度はもちろん、２８０℃の平鍋を５分間放置しても大きな損傷はありません。

ポリエステル系人工大理石のキッチンを購入したユーザーから、こんな失敗談を聞きました。使って間もなく、カップの底についたコーヒーが輪ジミになって、取れなくなってしまったというのです。コーヒーに限らずカレーやソースなどの液体もののはね、ワインボトルや缶詰の底からついたシミも、一晩でアッという間に取れなくなります。研磨すれば大丈夫とはいうものの、時間がたったものは取れません。「汚れたらすぐに拭く」というのは基本ですが、使用する素材については、事前にちゃんと必要なケアを理解することが大切です。

## □水晶を使って美しいクォーツストーン

デザイン性を追求する高級志向者にとって、今の話題性でいえばクォーツストーンでしょう。破砕された水晶（クォーツ）を90％以上使い、樹脂で結合したものなので、天然石の風合いが美しいです。天然水晶が持つ質感は、アクリル系樹脂人工大理石では出せない素晴らしさで、デザインにもバリエーションがあります。

しかも、石のデメリットである、水や汚れがしみ込みやすい難点を克服しています。天然の御影石より硬く、硬さを表す表面のモース硬度は7。ちなみに、大理石のモース硬度は3程度です。硬いということは、キズや摩耗に強いことを意味します。ツヤの変化が起こりにくく、美しさを長く保てるのも支持される点です。ただ、硬い分、ガラス・食器類を割ってしまうケースがあります。

普段のお手入れは、柔らかい布での水拭きですが、やはり汚れを放置すると落ちにくくなるので、できるだけ早く取り除くことを心掛けましょう。また、カケや割れなどの補修は、基本的に樹脂で埋めることになり、補修跡がはっきりわかります。

あくまでも工業製品ですが、大判サイズも可能です。例えば、天然石ではできない最大３０００ミリ×１４００ミリといった大きなカウンタートップも、継ぎ目なしでつくることができ、それは圧巻です。とはいっても石ですから、L型カウンターの継ぎ目の加工などでは、天然石と同じように目地は出ます。

そして、本来石材屋が加工するものなので、加工費が高くつきます。商品名としては、スペインの「SILESTONE（サイルストーン）」（COSENTINO社）、イスラエルの「Caesarstone（シーザーストーン）」（COMFORT社）、韓国の「フィオレストーン」（アイカ工業）、アメリカの「CAMBRIA（カンブリア）」（アステック社）などの輸入品が、日本国内で流通しています。

なかでも、柄の特徴的なものといえば、アメリカ製で厚さ20ミリという「CAMBRIA」。天然水晶（石英）93％、樹脂＋顔料７％をミックスし、高圧プレス硬化製造による人造クォーツエンジニアドストーンで、その大胆な模様がゴージャスで目を奪います。

クォーツストーン
SILESTONE（コセンティーノ・ジャパン）

クォーツストーン
Caesarstone（コンフォート）

クォーツストーン
CAMBRIA（アステック）

クォーツストーン
フィオレストーン（アイカ工業）

## □セラミックタイルは今、流行のアイテム

セラミックタイルは、高温で焼き上げた焼き物です。熱に強く、吸水性も低いので、キッチンまわりにとって、実に頼もしい素材です。耐汚染性や耐摩耗性も格段に良くなってきていて、汚れやキズがつきにくく、メンテナンスのしやすさには定評があります。さらに、近年のデジタルプリント技術の発達で、デザイン豊富なバリエーションから選ぶことができます。例えば、天然石のような表情を持ったタイルやコンクリートの表情のあるものまで存ります。

セラミックタイルというと、今までは最大で600ミリ角のサイズでしたが、今では3200ミリ×1500ミリを超える大判化も実現。これだとジョイントが必要ないので、タイルの難点ともいえる目地汚れの心配がなくなりました。

話題の大判商品としては、ウルトラセラミックストーン。商品名を「Dekton（デクトン）」（スペイン／COSENTINO社）といいます。分類上はセラミックに入りますが、磁器素材、ガラス、天然水晶などでつくられ、セラミックとクォーツストーンの特徴を兼ね備えた逸材です。水分をほとんど吸収しないので、日常の簡単なお手入れで、美しさを半永久的に保つことができます。

セラミックタイル
DEKTON（コセンティーノ・ジャパン）

セラミックタイル
LAMINAM（ローマタイル）

セラミックタイル
GRAND CARPET（マラッツィ・ジャパン）

クォーツストーンよりもキズに強く、包丁のキズもつきません。耐熱温度が高く、不燃材に匹敵するので、コンロ前の壁面にも使うことができます。また、セラミックタイルに関しても、クォーツストーン同様、カケや割れに対する補修は、樹脂などで埋めることになるため、補修跡がはっきりわかります。

通常、カウンタートップのプリント模様に対して、小口のライン上には同じ素材のものを張りますが、「Dekton」の色柄によっては、この小口にまで柄が入っているものもあります。これは、クォーツの一つ「Caesarstone」にも見られますが、カウンタートップ全体が大理石模様なっているのです。小口にもしっかり模様が入ると、一層の高級感を醸し出します。いずれにしても、印刷技術の向上で、大理石以上に大理石に見紛うデザインが続出しています。

また、セラミックタイルの開発者の名をとった「LAMINAM（ラミナム）」（イタリア／LAMINAM社）は、業界最多の97アイテム数を誇る、3000ミリ×1000ミリ×厚さ6・1ミリの大判セラミックスラブです。フェラーリやアルマーニなどの高級ブランドの内装材にもなっています。軽量で薄型のため、大型タイル特有の乾式施工に頼ることなく、接着剤による簡易施工が実現。通常の施釉タイルやメラミン化粧板ではできない小口処理が自由にでき、カットや穴あけなどの加工も容易にできます。焼き物特有の風合いがあり、イタリアならではの独特なデザイン性で、キッチン以外の壁、床にも多用されています。

イタリアといえば、マラッティ（MARAZZI社）が2018年10月からセラミックタイルの大判サイズ（1600×3200ミリ）「GRAND CARPET（グランド カーペット）」を発売しました。200メートルの釜に入れて、1200℃で焼成しクールダウンする最新のシステムからの仕上がりは、完璧なまでにフラットで、磨きの表面に映る光に歪みがありません。ボディも均一に焼成されているため、カット加工がスムーズにできます。吸水率は0・5％以下と低く、磨きによる目には見えない細孔を埋めて、表面には耐酸・耐アルカリ性のトリートメントを施すことで、衛生面にも注力しています。商品はアントニオ・チッテリオのデザインをはじめとして、13種類の大理石調、6色のコンクリート調、3種類の石目調など品揃えも豊富です。

## □丈夫で長持ち、根強い人気のステンレス

ステンレスのカウンタートップは、根強い人気があります。そこには、非常に優れた点がいくつもあるからです。まず、火や水、油に強く、汚れがしみ込むことがありません。清掃性に優れていることは、清潔に保てることにつながります。ただ、指紋が目立ってしまうのも事実です。今は、指紋防止のコーティングを施したステンレスも登場してきてはいます。さらに、ステンレス自体に耐久性があるので30年、40年と長持ちします。陶器やガラスなどの食器

類を落としても割れにくい点も、慌しく作業するときに、気兼ねなく使えることは助かります。ホテル・レストランなどの厨房に使われているのも頷けます。

ステンレスは、鉄に10・4％以上のクロムを含んだ合金です。一般的な厨房機器、特に業務用に多く使われているのは、クロムが18％含まれ、材料記号のＳＵＳ（サス）をつけて、ＳＵＳ４３０という種類になります。ここに、強度を高め、さらに錆びにくくするためにニッケル８％を加えたのがＳＵＳ３０４で、高級なキッチンに使われます。クロムとニッケルの含有量配分を表す１８－８の刻印は、ナイフやフォークなどのカトラリーでも見かけるものです。

ところで、家庭用シンクの90％がステンレス製だそうです。残りは人工大理石、ホーロー、セラミックタイルなどです。熱いものを流したときに、ポコッと音を立てていた時代から、ずっと使われ続けてきたステンレスシンクの品質は、格段に良くなっています。

カウンタートップをステンレスにすれば、溶接研磨することでシンクと一体成型になるので、継ぎ目がなくなります。別の素材を組み合わせる場合には、接着剤などでのシール接続となり、この部分の汚れや破損、カビといった問題が発生しがちです。それがないのも大きなメリットです。そういう意味では、人工大理石の一体成型もありますが、かなりハードな作業をこなすところだけに、丈夫さからいえば、ステンレスに軍配が上がります。

鏡面仕上げ、バイブレーション仕上げ、ヘアライン仕上げ

**ステンレス**
（松岡製作所）

ステンレスの曲げ加工例

**ステンレス**
（タニコー）

シンク製作は、通常機械を使ってのプレス加工ですが、型やサイズをオーダーメイドで受注し、板金加工を手作業でやっているのが、広島に本社のある松岡製作所です。ステンレスの板の端を叩いてアールをつけ、サイド面と溶接してシンクをつくっていきます。その継ぎ目を磨き込んで仕上げた完成品は、まさに職人の技。カウンタートップと美しい一体成型になります。

ステンレスの仕上げにも、いくつか種類があります。鏡面は、ピカピカに研磨されたものです。ヘアラインは髪の毛のように細い筋をつけて、キズがわかりにくく、光沢を落としたもの。キズをよりわかりにくくするために、ランダムに渦状の模様をつけたのが、マット（ツヤ無し）のバイブレーションです。今は、バイブレーションを選ぶ人が多いようです。

最近では、「ホットバイブレーション」という松岡製作所のオリジナル製品があります。バイブレーションよりもっとマットで、キズがつきにくい加工が施されています。冷たさを感じるステンレスの表情に、温かみを持たせたかったのでしょうか。ステンレスの可能性に挑戦し続けている同社の意気込みが、その名称に込められているのかもしれません。

シンクやカウンタートップだけでなく、キャビネットの扉から内部全てをステンレスで仕上げると、オールステンレスキッチンになります。丈夫で長持ち、使い勝手の良さ、清潔さ、スタイリッシュな空間づくり、１００％リサイクル可能な金属というエコ素材、接着剤を使わない健康志向。オールステンレスが持つこれらの特長から、究極のキッチンと位置づける人もいます。「キズもくすみも味になる」と言わしめる、そんな素材でもあります。

ステンレスが得意な会社は、業務用厨房から家庭用に進出しているタニコーも素晴らしい技術を持っています。同じ業界の矢島については、Kuriya・厨のこぼれ話③で紹介しています。

## □高級品といえば天然石だが、問題もアリ

高級品としては、天然石がＮＯ．１でしょう。石肌を楽しむインテリア性の素晴らしさは別格ですが、カウンタートップの素材としては、やや問題があります。石は吸収性があり、汚れが意外としみ込みます。それに面積が広いカウンタートップでは、どうしても継ぎ目ができます。そんななかで、吸水性の高い大理石に比べ、比較的吸水率が低く、耐熱性があり、酸やアルカリにも比較的強い御影石（花崗岩）が、使用素材の中心になります。

もともと、神戸市御影が産地として有名なことから御影石と呼ばれていますが、天然石は産地によっても色や結晶模様が違い、さまざまな表情を見せます。今は多くが輸入されていて、中国産など割に安価なものも増えているようです。気に入った石に出会えれば、それこそジュエリーのようにいとおしく、ますます愛着あるキッチンになるのではないでしょうか。

## □かなりいい素材のメラミン化粧板

メラミン化粧板というと、キャビネットの扉やキッチンバック（キッチン用壁材）で使われることが多い素材です。色や柄を印刷した化粧紙に、メラミン樹脂を重ね合わせ、これを下地材となる台材にプレスしてつくります。

表面が非常に硬く、丈夫なのでカウンタートップにも使われます。ところが、最近はめっきり少なくなりました。アメリカで生まれたメラミン樹脂は、同じくアメリカ生まれの「デュポン・コーリアン」とともに、本国ではカウンターとして広く使われています。

ランクでいえば、価格帯が広いコーリアンですが、それに匹敵するレベルです。本来、メラミン化粧板は日本でも、もっと使われていいはずの良さを備えています。これはひとえにプロモーション下手というか、不十分な気がします。それに引き替え、人工大理石の何と上手いこと。

日本人に定着しているのは、メラミン化粧板は安っぽくて、小口処理をした部分の剥がれが気になるというものです。かつては確かにそんなこともありましたが、これは根強い思い込みで、心配性の日本人の特性をよく物語っています。メラミン化粧板は、キズがつきにくく、耐熱性や耐水性が良くて、お掃除がしやすいです。色や柄も豊富で、大理石柄などもあります。ハードなキッチンワークに耐える、いい素材です。

ベルーガ施行事例　F保育園
メラミン化粧板（アイカ工業）

キッチンバック　セラール
（アイカ工業）

メラミン化粧板（アイカ工業）

不燃メラミン化粧板　セラール（アイカ工業）

メラミン化粧板（イビケン）

メラミン取っ手　加工例（イビケン）

今まで述べてきた素材で、価格ランクをつけるとすれば、低い方からポリエステ系人工大理石、メラミン化粧板、アクリル系人工大理石、クォーツストーンと一般的なステンレスが同じくらいで、次にセラミックタイル、天然石（石種で差が大きい）の順です。

## 扉面材のセレクションがインテリアのカギ

キッチンを大きく印象づけるのが、扉材ではないでしょうか。何たってキッチンの顔になり、素材と仕上げの具合で、キッチンのスタイルをつくります。そんな扉材選びは、高揚感に包まれた作業になるかもしれません。

カウンタートップで紹介したメラミン化粧板は、建材として申し分ない特性があります。しかも手頃なコストで仕上げることができるので、扉材としてかなりの優等生です。表面仕上げは、光沢のある鏡面でもツヤを抑えたマット仕上げでも自在です。また、豊富なカラーバリエーションからの単色使いか、柄も豊富に揃うのでどれにしようかと、大いに悩むところかもしれません。人気の木目調にしてもオークやウォルナットなどいくつか種類があります。コストを抑えたいときに、天然素材の無垢材風に仕上げることもできます。

メラミン化粧板及び関連商品の販売・製造を行っているのが、大手のアイカ工業や日本の老舗、イビデングループのイビケンです。

イビケンは、木目調の横柄やハイマット（ツヤ消し以上にツヤを落とした）を業界で初めて手掛けました。２０１５年には、抗ウイルス機能を持つメラミン化粧板を開発。独自開発した技術により、ウイルスを99・９％低減できるといいます。幼稚園や高齢者施設、公共トイレなどですでに導入が始まっています。清潔さが強く求められるキッチン部材にも、早く採用して欲しい機能です。メラミン化粧板の他には、無垢材、突き板、ステンレスが主な扉材です。

扉面の上質さのカギを握るのは、塗装ともいわれています。その技術でいち目置かれているのが、広島にある福山キッチン装飾です。キッチンや家具の扉の加工から、塗装までを専門にしています。塗装のバリエーションも多く、その仕上がりは半永久的と自負しています。

一般的な塗装は、透明なポリウレタン樹脂で覆うウレタン塗装です。これで水や熱、キズにも強くなります。カラフルに彩るならエナメル塗装です。最近は、ウレタンよりも表面強度が高く、ツヤ感も出るＵＶ塗装に注目が集まっています。歳月がたっても変わらない鏡面性を追求した塗装・研磨作業。これによって、スタイリッシュな高級感あふれる質感になります。

同社は、天然木へのこだわりがあります。天然木の木目を白く強調したり、ヴィンテージ風な風合い、木目を浮かび上がらせる独自の塗装も手掛けます。世界中から集められた樹種には希少なものもあり、それぞれの樹種にふさわしい塗装で仕上げます。

**塗装等扉**（ニシザキ工芸社）　塗装と天然木とのコラボレーション

メタルポリッシュ塗装

タモ突板　ブラック＆ホワイト

なぐり加工のエナメルＵＶ鏡面塗装

ガムウッド突板風紋加工

天然石　シルバーギャラクシー

ホワイトエナメル塗装

**塗装等扉**（福山キッチン装飾）

例えば、ヨーロッパでは最高級のキッチンに使われていますが、日本では馴染みのないガムウッドを染色UVクリア塗装するといった、独自の世界を持っています。全く同じ木肌はないので、まさにオンリーワンです。新しい面材としては、「石張り」の扉にも挑戦するなど、どこまで行くのか楽しみです。

塗装といえば唯一、都内に工場を持つニシザキ工芸社があります。こちらは自社に塗装職人を抱え、塗装や突板の選定から絶妙なニュアンスの着色まで、ひとりの手で面材を製作しています。大正時代の指物師から始まった同社からは、どんなオーダーにも応えるこだわりの塊が伝わってきます。

加えて、扉面のデザインも考えるのは楽しみです。「框（かまち）扉」で格調高くしたり、取っ手でアクセントにしたり、逆に取っ手を付けずにシンプルに「手掛け」にするなど、ディテールにも個性を反映させたいものです。

一邸一邸それぞれにふさわしい邸別のキッチンづくりは、オーダーキッチンの醍醐味が実感できます

キッチンの壁、特にシンクやレンジまわりの壁は、キッチンバックと呼ばれます。ここに使われる素材は、昔は単色タイル一辺倒でした。今は、お手入れ簡単なメラミン化粧板やセラミックタイルが主流です。カラーバリエーションの多いガラスもあります。柄やサイズが豊富な磁器タ

イルをあしらって、デザイン的に楽しめるキッチンづくりも多く目にします。タイルの難点は目地があること。汚れ防止の目地がお勧めですが、お掃除は、他の素材と比べるとやはり大変です。

キッチンバックは消防法で不燃材と決まっています。そこでアイカ工業は、メラミン化粧板を不燃化するという画期的な商品「セラール」を開発しました。1200ミリ×3000ミリの大判なので、標準的なキッチンサイズではほぼ目地無しなので、お掃除が格段に楽になりました。現在、年間に建つ家の3分の1は、この「セラール」が使われているといわれています。

# 第5章

# こりゃ違う、とならないためのセレクト「設備機器編」

## 国内製と海外製だったら、食器洗い乾燥機はどっちがいいの？

何かともてはやされるメイド・イン・ジャパンです。確かに、日本製機器は細やかな配慮がなされ、至れり尽くせりの感があります。でもデザイン性では、圧倒的に海外製品です。機能面では大差がないと思っていましたが、そうでもないようで、歴史が長い分、欧米とりわけ欧州のキッチン設備には、目を見張るものがあります。ガゲナウ（GAGGENAU社）やミーレ（Miele社）、アスコ（ASCO社）、ボッシュ（BOSCH社）、などの海外設備を取り入れたいという理由から、オーダーキッチンにする人も少なくありません。

ガゲナウは、３００年以上続くドイツの一流ブランドで、世界中の料理の専門家や、料理を愛する人々から認められています。お値段も他社より上級です。最新の食器洗い乾燥機は、カゴの引き出しを滑らかにした「スムースランニングレール」を採用することで、重いものの出し入れに重宝します。庫内にはＬＥＤライトが付き、作業の快適さも増しました。さらに、ワイングラスなどのデリケートな食器を保護する独自機能が搭載されています。

海外製を使用するには、キッチンの高さは９００ミリが必要です。したがって、日本の一般的な高さ８５０ミリのカウンタートップには、ビルトインできません。幅は４５０ミリのものもありますが少なく、本来の機能を活用するためにも600ミリを推奨しています。

キッチンの高さについては、JIS規格で身長÷2＋5センチとされています。これは、日本人女性の平均身長が158〜160センチなので、高さ850ミリが一般的です。それでも最近は、男性もキッチンに立つことが増えたことや、背の低い人でも、高いと水はねがなくていいとの意見もあり、あえて丈の高いキッチンを選ぶ人がいます。また、シンクを立体的に使える3D仕様が各社から出ていて、人気があります。これだと最下段の層は通常よりも低くなるので、900ミリの高さも気にならないかもしれません。

同じくドイツのミーレの食器洗い乾燥機は、高さ850ミリに入る機種もあります。

欧州ではスタンダードクラスに位置しますが、多くの海外製品が日本から撤退したあとも頑張って残ったブランドです。ゆえに、ユーザーの知名度は高く、日本では高級なイメージとともに、メジャーなブランドとして定着しています。幅も450ミリが用意されているのは、ミーレとボッシュだけです。日本の狭いキッチンにも対応可能です。

ところで、海外と日本のビルトイン食洗機では大きく異なります。

まずは、電源の違いです。日本製は100Vですが、海外製は200Vを使うので、洗浄力が圧倒的に違います。体裁も海外製は、扉が手前に倒れるフロントオープン式なのに対して、日本製は引き出し式です。ここには根本的に、食洗機に対する認識の違いがあります。フロントオープン式の方が容量は大きく、これで一日分（12～15人分）の食器を洗い、日本製は朝・夕食の一日2回、食器を洗うという想定です。（パナソニック談）

引き出し式は、立ったまま食器類の出し入れができるので作業が楽です。シンクでさっと下洗いして、そのままシンク横の食洗機の中へと、スムーズな動きになります。ここでも違いがあって、海外製は下洗いをしなくていいことを前提にしています。食卓から食洗機へ直行するので、シンクとの連動があまり意味を持ちません。

これは設置場所にも関係します。日本製は予洗いが必要なので、シンク横のカウンターにビルトインするのが定位置です。海外製はどこでも良くて、たいてい食洗機に入れる作業が邪魔にならないキッチンの隅や、食器棚などにビルトインすることが多いようです。

下洗いが不要ということについてですが、海外製品はきれいな食器を入れると、それを機械が感知して中温での洗浄になります。したがって、乾燥させる温度も低くなり、水滴が残ったりします。だから「下洗いなし」を推奨しています。汚れているものほど機械が頑張るという仕組みです。

食器自体が熱くならないもの（蓄熱性が低いもの）は、当然乾きにくくなります。プラスチック製のタッパーみたいなものは、すっきり乾かないのは致し方ありません。そこで、食洗機に食器を入れる際、タッパー類は食器の間に入れると乾きやすくなりますよ。

食洗機
Miele（ミーレ・ジャパン）

食洗機
ASKO（ツナシマ商事）

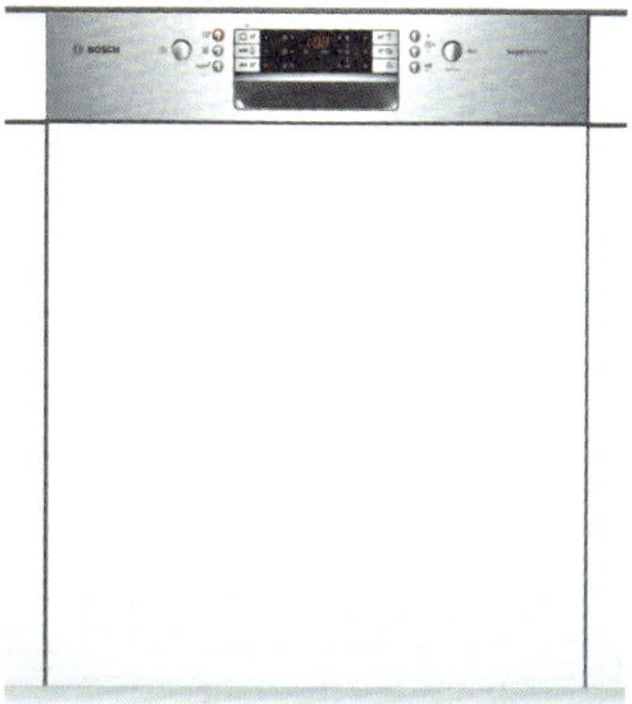

食洗機
BOSCH（日本グリーンパックス）

ゼオライト機能

その乾燥機能についても国民性があります。乾燥に関して日本人は、完璧に乾燥させることを好みます。それは発売当初、日本製の食器洗い乾燥機が、ヒーターで加熱してしっかり食器を乾燥させたからです。乾燥とはこういうものだと指し示したことで、主婦たちはこぞって、乾燥能力を求めるようになりました。

海外製はエコに徹しています。つまり、電気も水も少なくというのがスタンスです。そこで、洗浄した余熱で乾燥させるのが基本です。

ドイツのボッシュ社の食器洗い機の新しいタイプが、「ゼオライト機能」です。これは、湿気を吸着すると熱が発生するゼオライトという鉱物の特性を使ったものです。食器洗い機庫内の底面の下で、庫内右側面にある丸いガラリから水蒸気を取り込み、経路の途中で水分に変え、底面のゼオライトを濡らし発熱させます。この熱は、洗浄水をヒーターにより水からお湯に温度を上げていく際に、ヒーターの補助的な役割を果たします。乾燥時はゼオライトから発生する熱で、より庫内の温度を上げて乾燥を促進すると同時に、庫内右奥の排出口から発熱したときに発生する温風を庫内に取り入れ、乾燥を促進します。

つまり、常に高温の空気が庫内を循環しているのです。しかもこのゼオライトは、メンテナンスも交換の必要もなく、半永久的に使えます。さすが、環境優等生ドイツのエコ仕様だと感心させられます。ボッシュは、もともと自動車の心臓部パーツをつくっていました。その技術力の高さは折り紙つきです。これからもビルトイン機種を増やしていきたい意向があるそうです。

ちなみに、ガゲナウとボッシュは同じ資本が入っていて、同じ工場でつくられています。したがって、当然ガゲナウの食洗機にもゼオライトが使われています。

ミーレもまた、効率良く余熱乾燥を行うセンサー機能などを備えています。乾燥をさらに促進するために付いた「オートオープン乾燥機能」も評判です。これは、洗浄後に扉が勝手にちょっと開いて、制御された庫内の蒸気と新鮮な空気が入れ替わることで、十分な乾燥が得られます。

海外製でも、日本の市場用に独自開発しているところもあります。スウェーデンのアスコ(ASCO社）は、温風ヒーターを使って日本人好みの徹底乾燥に対応。カトラリートレーは、茶碗や小鉢が置けるようになっています。

もう一つ海外製と日本製の違いとして、海外製の本体内部は、扉の裏側を含めてステンレスで覆われているのです。これは、丈夫で長持ちのうえ、使用後も清潔そのもの。ところが、日本製には樹脂が使われています。使用後の清潔性については、カタログで謳（うた）ってはいるものの、きれいにならないという声を複数の利用者から聞きます。

ある利用者は、キッチン水栓の先端に付いている伸縮ホースを引っ張り出して、シャワーで丁寧に洗っているらしい。それが面倒なので、ついつい使わなくなり、食器入れと化してしまったそうです。カタログには、扉を開けて水やお湯を入れないでくださいと書いてあります。お手入れは、汚れやニオイが気になったら食器を入れないで、カラ洗いをするようにと。現実には後始末のことを考え、結局のところ手洗いして、食器庫にしている家庭も多いようです。

もともと食洗機は欧米から来たものです。日本では、小さいキッチンに取り入れるため開発されました。日本製の引き出し式は、食器類が入る分量が少ないこともあり、中途半端につくられたことが否めません。欧米に比べ普及率が3分の1なのは、これが原因ともいわれています。日本製の価格は20万円前後、外国製は標準機種で30数万円から。1・5倍〜2倍弱の差だったら、価値が全然違うというのが実感です。

日本製食洗機の幅は、300、450、600ミリとありますが、海外製は600ミリを基本に、ミーレとボッシュだけは450ミリのモデルを用意。高さは、900ミリと日本対応の850ミリを用意しているところもあります。日本のマーケットは、世界のなかではほんのひと握りなので、基本900ミリというのは致し方ないでしょう。

## 海外製のIHは、便利なフリーゾーンが多い

IHクッキングヒーターの良さは、第1章で触れました。でも、電気代は高いといったイメージがつきまとっているのではないでしょうか。しかし電気の自由化に始まり、今はエネルギーの

自由化で、状況は様変わりしています。電力会社は、選べる電気利用の優遇措置プランを用意。一方、電気・ガスを合わせたセット料金の割引競争が激しく、熱源をどこから買うのがお得か、という時代になっています。かつてのような電気代のデメリットは、小さくなってきているのです。

結構いいことづくめのＩＨクッキングヒーターですが、ＩＨというのはそもそも磁力線の働きで、鍋を直に加熱する構造から、磁力線との相性で使えない鍋があります。ステンレス、鋳物、ホーローなら大丈夫。ところが今は、オールメタル対応のＩＨが登場しています。かつては、磁石の付かないものはダメ、とされていたアルミ製や銅製も使えるようになりました。土鍋愛好家は、ラジエントを併用した機種で対応していましたが、土鍋もＩＨが使えるものが出てきました。

海外製のＩＨの流れは今、フリーゾーン化です。従来の一般的な３口、４口のクックトップに対して、フリーゾーンを設けるタイプが登場。ゾーン内であれば鍋の大きさ、形に関係がなく、自動で検知して加熱することができます。鍋移動も自在です。

ガゲナウのＩＨには、フリーゾーン付きの４口、３口クッキングヒーターがあります。また、フルサーフェスＩＨクッキングヒーターは、一般的にある丸い印が消えました。クックトップ全面にコイルを敷き込んで、クッキングエリアにしたのです。とにかく鍋の大きさを気にしなくても良いというのがストレスフリー。「ウチは何口にしようかしら？」と、迷う必要はありません。

日本製のＩＨは、多機能のグリルが付き、ガスコンロと遜色ないように開発が進められてきました。パワーもガスと同等か、それ以上といわれています。それは確かでしょうが、私のあくまでも個人的な見解ですが、煮込み料理にはいいけど、炒めものは今ひとつかなと思っています。

何といっても炎がないことで、安全安心が強調されているＩＨです。それでも、誤った使用や、油量が少なかったことなどが原因で、発火事故につながっています。料理後のクックトップは熱いので、やけどの危険もあります。調理中に突然鍋が横滑りして、床に落ちてしまったという報告もされています。

ちょっと首を傾げたくなるのが、特に高齢者や子供に安心ということ。高齢者に限りませんが、鍋の誤使用や慣れない操作による事故は起きています。炎が危ないのを知っている子供は、それを学習してわかっているのです。ＩＨを導入するにあたっては、調理後のクックトップは熱いということを、きちんと学習させなくてはいけません。ＩＨは１００％安全だと、勘違いされている人もいるようです。火が見えない分、過信は禁物だということを肝に銘じて欲しいと思います。

ガストップ
DELICIA（リンナイ）

ガストップ
ASKO

ガストップ　ドミノ式ガスコンロ
Gライン（リンナイ）

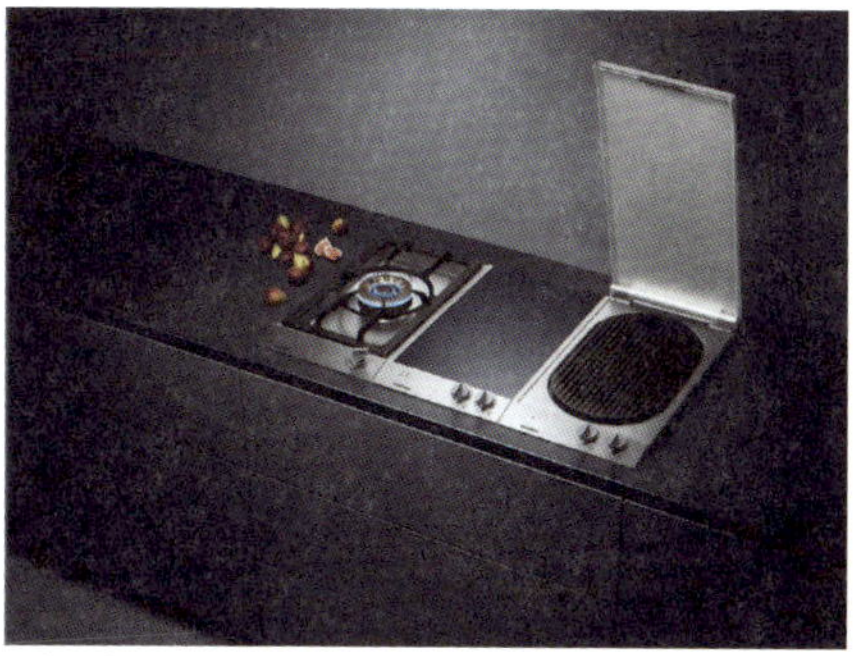

ガス機器 +IH
Gaggenau（N・TEC）

ビルトインオーブンレンジ
Miele（ミーレ・ジャパン）

ビルトインオーブンレンジ
Gaggenau（N・TEC）

# 多機能ガスコンロに新しい風

ガスだって負けてはいません。日本のガスコンロは、リンナイが一番のシェアを誇ります。料理の種類も豊富な日本の家庭向きに、天ぷらの温度機能、麺ゆで機能、ダッチオーブン機能など多種多彩。料理下手でも安心なのでしょうけど、逆に、機能満載で使いこなせないのではないかと心配になります。

デザイン的にもかつてのものとは随分と変わり、トップ面は凹凸のないフラット仕様で、お手入れが簡単に。アルミやガラスなどの素材で、汚れにくさ、こびりつきにくさ、焦げつきにくさを実現。外枠のないフレームレスでは、汚れが残りにくく軽やかです。コンパクトになったゴトクは、軽量で取り外しも簡単です。

吹きこぼれなどで火が立ち消えたとき、自動でガスは止まります。調理油の扱いには過熱防止機能があり、火の消し忘れや焦げつきにも消火機能といった具合に、安全対策は二重三重に。年齢を重ねると〝うっかり〟があるので、タイマー機能は助かります。

魚焼きグリルも日本独特ですが、ニオイの問題がつきまといます。近年は、グレードの高い製品には、スモークオフ機能もあります。また、自動消火システムはありがたいのですが、もっと鍋を熱くしたくても、勝手に消火してしまいます。これではストレスが溜まります。安全は一番ですが、過剰スペックな感も否めません。

　こんなのもあります。専用土鍋機能があるタイプは、専用の土鍋を使ってご飯を炊き上げるというものです。専用モードでは、鍋底部分に少しおこげができます。このおこげを少なくしたり、多くしたりしたい場合には、５段階のコンロ・タイマースイッチで調節ができるといった親切ぶりです。

　日本の機器は多機能といわれます。ガスコンロの機能は、その最たるものではないでしょうか。これには、ガス会社が関わっていているようです。メーカーは、消費者に目を向けている一方で、ガス会社の方に大きく向いています。確かに、安全第一で機能面が優先されます。そこで、デザインは二の次。こうなると、海外のデザイン性の高いものとは、どんどんかけ離れていきます。日本の厳しい消防法は、海外の製品を受け入れづらくしているのも事実。国内では機能競争に明け暮れ、それもいよいよ限界？

　ここにきて、リンナイが発売したガスコンロ「ドミノ式ガスコンロＧ１０１」は、海外製品と思えるほどのデザイン性の高さです。２０１７年のグッドデザイン賞にも選ばれました。適度な機能設定にして、より使いやすく高品質なものに仕上げてあります。全面に配した鋳物製ゴトクは、いかにも堅牢で、鍋ずらしも楽にできる安定感があります。ガラスプレートはドイツ製のガラスを使用し、タッチパネル式の操作部がトップ面に付いています。

本来、必要な機能が丈夫でしっかりしていれば、長持ちしてむしろ効率的です。そうした海外製品愛好者が求めるものの開発が、やっと日本でも始まったのかなあと、新しいステージを感じます。

海外製のガスコンロといえば、バイキング（アメリカ／VIKING RANGE社）があります。業務用から家庭用に開発された最高級設備です。アメリカ製なので、とにかく大きくて、重厚な存在感に圧倒されます。料理教室の先生方からは、絶大な人気を誇ります。日本の基準に合うように、安全センサー付きが開発されました。

## トレンドとなっているスチームオーブンは凄い！

料理づくりをサポートしてくれる設備機器に、オーブンがあります。電源をガスにするか電気にするかが、まずはスタートです。ガスの場合は、通常ガスコンロの下に組み込まれます。電気の場合、注目は目線上のアイレベル設置で、使いやすさで人気があります。電気だと、海外製品の選択肢も広がります。せっかくのオーダーキッチンなら、デザイン性を追求した先は、やはりビルトインではないでしょうか。

欧米では、オーブン料理が中心になるので、「キッチンの主役」とまでいわれるのがオーブンです。なかでもトレンドなのが、スチームとコンベンションがコラボレーションした「スチームオーブン」です。これは、水蒸気と熱風循環の量を調節することで、多彩な調理法を可能にしています。ガゲナウが、その技術をいかんなく発揮したスチームオーブンは、温度と湿度を組み合わせて「蒸し」「焼き」「煮込み」「温め直し」ができます。料理の仕上がりは、表面をカリッと中はしっとり。しかも、隅々まで素早く熱を伝えるので、料理がスピーディにできます。風味や色、歯ごたえ、ビタミン類などを損なうことがありません。これで、焼き魚も対応することができるようです。

関連製品のビルトインウォーマーも、食器や料理の温めだけでなく、解凍や低温調理ができる便利機器です。

ミーレも電気オーブンや、スチームオーブン（レンジ機能付き・なし）があります。ミーレの蒸気は庫外でつくり出され、最適な状態で中に送り込まれます。これによって、内部のスチーム環境が均質に保たれ、庫内に水垢がつかないので、お掃除も楽になります。

アスコも２０１９年夏に、スチームオーブンを発売。楽しみです。

調理家電は、何でも「時短」からさらに進んで、「時産」がキーワードとか。調理家電に任かせることで生産される時間。これを料理の質を上げることに費やすもよし、趣味の時間に使うもよしで、豊かな生活スタイルを産出していくということです。

# おしゃれなレンジフードはインテリア

レンジフードがしっかり目に入るオープンキッチンでは、インテリアにもなるデザイン性が高いものに人気があります。レンジフード自体の機能に加え、フォルムやカラーの選択肢がいくつか揃っているものが、セレクトの決め手になっているようです。

レンジフードの時代的な流れを見ると、清掃性やデザイン性に加え、ここ10年くらいはエコの視点が重要視され、メーカーの開発が進んでいます。

一方、キッチンの天井近くに取り付けるのではなく、キッチンのキャビネット内部にフィルターなどを設置し、排気や換気を行わず、汚れた空気をろ過する室内循環フードというのがあります。加熱調理機器の近くで、油煙やニオイを吸い込むことで、クリーンな室内環境を保ちやすくします。背後の壁もキャビネットや窓などに、有効に使えます。

また、ユニークな形のキッチン一体型ＩＨクッキングヒーター専用室内循環フードも出ました。海外には、レンジフードが昇降したり、使用するときに、カウンタートップからせり上がったりするおしゃれなものもあります。残念ながら日本の厳しい消防法と建築基準法で、海外製はほとんど使えないのが現状です。そんななか日本では、絶対シェアを誇る富士工業は、機能と清掃性とデザインを融合させているメーカーです。

# アートな水栓器具と特徴ある浄水器に注目！

水栓金具は、自分が使いやす機能が一番ですが、どうしてもデザイン性に目がいきます。今や器具、設備というより、著名なデザイナーたちがデザインしていて、アートとすら思えます。それもそのはずで、キッチン全体のバランスを考え、こだわりを持って選びたいアイテムの一つです。最高級といえば、「宝石のように美しい水栓金具」と謳（うた）われているドイツのドンブラハ（DORN BRACHT社）です。世界中の高級ホテルやセレブ御用達。ゆえに、高価でもあります。日本で広く知られている筆頭は、ドイツのグローエではないでしょうか。このグローエの名が付く会社が2つあります。その一つがハンスグローエ（Hansgrohe社）で、1901年ハンス・グローエが創業。もう一つが、彼の次男が創業したグローエ（GROHE社）です。フィリップ・スタルク、アントニオ・チッテリオなどの著名なデザイナーを起用しているのがハンスグローエで、アヴァンギャルドなデザインを追求しています。グローエは、社内のデザイナーがつくっているといった違いもあるようです。

両社とも、デザイン的にはイタリアモダンです。これに対して、クラシックなデザインを特徴にしているのが、アメリカのコーラー（KOHLER社）とデルタ（DELTA社）です。コーラーの水栓は、メッキが永久に剥げないといわれています。

水栓　GRACIA
（グローエ・ジャパン）

水栓　K 4
（グローエ・ジャパン）

水栓　K 7
（グローエ・ジャパン）

アントニオ・チッテリオ　デザイン

フィリップスタルク　デザイン
水栓　AXOR
（ハンスグローエ・ジャパン）

どこに触れても水が出る優れもの
タッチ水栓＋ソープディスペンサー
DELTA（ロッキーズコーポレーション）

スウィープスプレーハンドルシャワー
強い水流が汚れをサッと落して洗い流す
自在に回転するシャワーヘッドが便利

**水栓**
**KOHLER**（日鉄住金物産マテックス）

ベリーソフトスプレーの手元スイッチハンドシャワー
柔らかい食材を洗うのに適している

本物が生み出す「美」と「温かみ」
18金と銅を混ぜたローズゴールド仕上げが
洗練された上品さと上質感を醸し出す

**水栓　Tara Classic**
**DORNBRACHT**（リラインス）

また今、話題のタッチ水栓といえばデルタ。従来品は、ネックに付いた一か所をタッチして通水・止水するものでした。ところがデルタは、ネック部分のどこをタッチしても通水・止水ができます。手が汚れていたり、両手がふさがっているとき、手首や肘でネックにタッチすればＯＫ。約４分で自動的に止水するエコロジーな機能も搭載されています。

水栓の横に、ソープディスペンサーの取り付けができるものもあります。これがあれば、洗剤ボトル用の網・カゴが必要なくなり、すっきりとスタイリッシュになります。

シンクまわりでは、この他に浄水器があります。水道水に対する不信感や、高まっている健康への関心から、身近な水対策として、家庭用浄水器の普及が著しい昨今です。これまた、それぞれに特徴ある浄水器がいくつもあります。

設備としては、水栓蛇口に取り付ける簡易タイプのものから、専用カートリッジをシンクの下に備え、そこから専用の水栓金具を取り付けるビルトインタイプまで、多種多彩です。

高性能なのはビルトインタイプで、デザイン性も高く、空間をおしゃれにします。海外製なら、オリジナルの浄化媒体を使ったシーガルフォー（アメリカ／ゼネラルエコロジー社）。日本製より本体もカートリッジも高価格です。日本製は中空糸膜を使ってろ過していて、各メーカー製品の性能も価格もほとんど変わりません。キッツマイクロフィルターは、水栓本体に取り付けられるので、専用水栓が不要という特徴があります。

また、２０１７年にグローエが、電解水素水＋酸性水＋浄化の３つの機能を持った混合水栓「グラシア」を出しました。これは浄水器の枠を超えた優れものです。

リーズナブルな浄水器としてはＣＭでお馴染みのタカギです。カートリッジと水栓が一体の国産品では大手の商品です。全国的に網羅しているので、メンテナンスも安心です。

## シンクは悩みどころ

シンクといえば、一般的にはステンレスが多いです。汚れが落としやすいとか衛生的という面では一番でしょう。形状もシンプルなものから３Ｄシンクといわれる機能的なもの、静音を重視したものまで多岐にわたります。メーカーとしてはトヨウラ、タニコー、矢島、松岡製作所などがあります。ホーローシンクや陶器シンクでは、コーラー社（アメリカ）がカラーやサイズの品揃えが多くあります。カウンターとシンクが異素材だと、継ぎ目ができるのでお掃除も気になります。最近は、カウンターの材料と同じもので製作するのがトレンドです。ステンレスはもちろん、人工大理石やクォーツストーン、セラミックストーン、天然石まで可能です。シームレスのカウンターシンクは、高級感もあります。

**浄水器**
（キャッツマイクロフィルター）

**浄水器**
ＪＫ（タカギ）

クォーツとの複合素材のアンダーシンク
マットブラックが上品

**クォーツアンダーシンク**
KOHLER （日鉄住金物産マテックス）

**ステンレスシンク**（松岡製作所）
オリジナル洗濯ポケットが使いやすい

**クオーツストーン一体型オリジナルシンク**
Noeles（大日化成工業）

大日化成工業という加工メーカーでは、オリジナルでセラミックタイルのシンクとカウンターを一体成型しています。お目当ての素材で、トレンドを取り入れて仕上げられるのもオーダーキッチンの楽しみの一つです。

## ゴミも忘れずに！

最後に、必ず出るごみ処理問題です。これに対して、皆さんディスポーザーを望まれます。確かに、最近のマンションには標準設置されている物件が多くあります。これは設計段階で、浄化槽の設置などの準備がされていないとリフォームでも難しいのです。残念ながら戸建てでは、水道局から許可が出ません。シンク下に、粉砕処理をする機械の設置が必要になり、その機械は大きくて、半分以上のスペースがこれにとられます。よって、収納が減ってしまいますから悩みどころです。

ゴミ箱もできるだけビルトインするとすっきりします。先にお勧めしたパントリーなどを上手に活用してみるのも良いと思います。

いろいろ書いてきましたが、高機能・高性能なものはその分、価格が高いというのは一般的にいえることです。時短や時産などを謳（うた）ったどんな設備も、巷の評判やＳＮＳ、セールスに迷わされないことです。オーダーキッチンに取り入れたい製品については、自分自身での比較検討が必要です。そのためには、キッチンデザイナーに最新情報を求めるなどして、一つ一つの「最良の選択」にこだわりましょう。

コラム

Kuriya・厨のこぼれ話③

## ステンレスカウンターにビルトインして使いやすくしたのは誰？

昔の台所の風景といえば、流し、ガス台、調理台がそれぞれ独立。ガス台は一段低くなっていて、ここに加熱機器を置くというスタイルです。これを「セクショナルキッチン」といいます。

それに天板を載せてつなげたのが、矢島製作所（現・株式会社矢島）です。昭和43年に、日本住宅協会より、日本住宅公団、公共住宅用規格部品委員会指定工場に指定されました。昭和51年には、段差をなくすべく、加熱調理機器のドロップイン（天板の上から落とし込む形でビルトインしたもの）の開発を始めて、今、私たちが普通に目にする一体型になったものが、ミサワホームの住宅に導入されました。その翌年、建設大臣より住宅優良部品ＢＬの認定を受けることに。

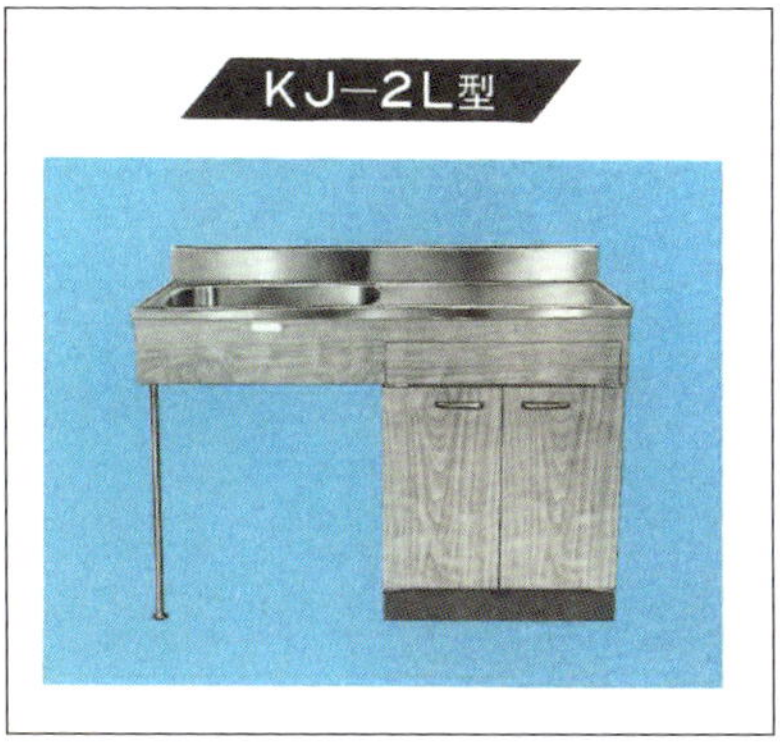


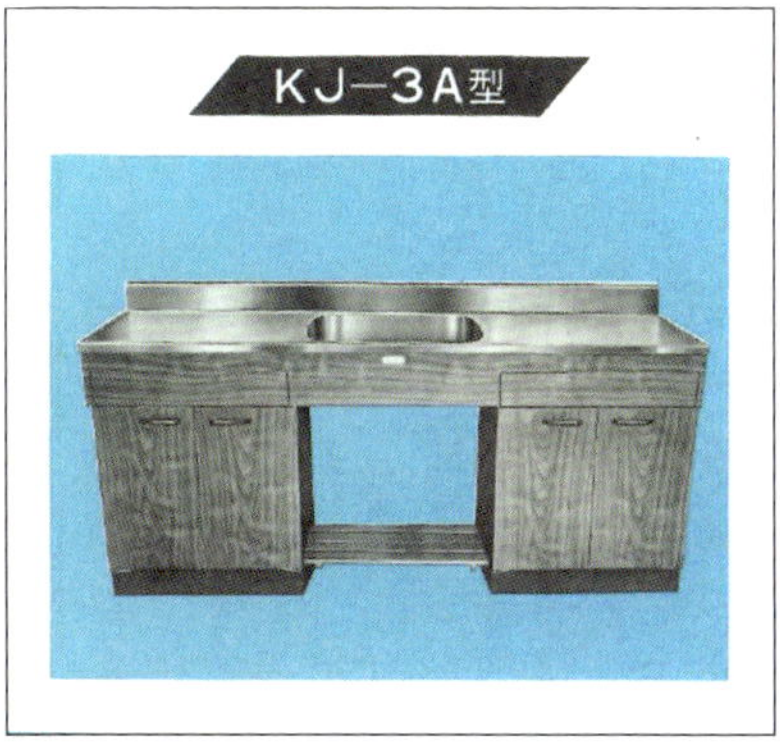

昭和30年発足した日本住宅公団（現、都市再生機構）が、「DK」（ダイニングキッチン）の表示を初めて使い、「ステンレスに輝くキッチンセット」のキャッチコピーが評判になりました。発足当初は供給戸数が少なく、家賃も高かったため、庶民の憧れの存在でした。

ステンレスは、経済成長とともに日本の台所を象徴する存在でした。技術は進化し続け、さらに磨きがかかる一方、30年、40年と大切に使い続けられているのが、ステンレスキッチンです。

beluga
Kitchen Systems offers a free design service.
We can provide either an in-home measure or you can bring the measurements
into our showroom where you can view a range of kitchens and
samples of the latest products and materials.

# あとがき

ここまで読んでいただき、誠にありがとうございました。
オーダーメイドのキッチンの世界を少しでも知ってもらえたら幸いです。
よく「ベルーガブランド」のキッチンはどれなんですか？　と聞かれます。
ベルーガのコンセプトは、
＊デザイン＝トレンドを取り入れたスタイリッシュなデザイン
＊ストレスフリー＝身体（足腰）に負担のかからない設計
＊機能＝先端の機能を活用して時間の余裕を創る
＊メンテナンス＝楽々お手入れでいつまでも美しく
これをもとに、世界に一つだけのキッチンをデザインします。
ですから強いて言えば、質問の答えは「貴女ブランド」となるのかもしれません。
キッチンを通して思い描く私の願いは、
「家族の健康を守り、会話と笑顔の絶えないプラットフォーム（場）」の創造です。
ここから全ての生活が始まるということ。そして、
「貴女色のキッチンをつくることにより、キッチンから解放される」ということです。

食洗機やコンロなど文明の利器は大いに活用し、それぞれに合わせた動線を設計することで、無駄な作業や動きを省き、ストレスフリーになって、キッチンに立つ時間を短縮しましょう。

そうして生まれた自分の時間を享受して、生活自体を楽しんで欲しいのです。


これまで数十万戸のキッチンのプロデュースに携わってきました。

そして、同じ数の笑顔を見てきました。

自分色のキッチンが完成したときの喜びは、何物にも代えがたい至福の時です。

そんなキッチンから生まれる、皆様の笑顔にお会いできたら幸いです。

本書を読んで興味をお持ちいただけた方は、www.beluga-inc.co.jp（HP）やフェイスブックbeluga.inc をご覧ください。

また、弊社問い合わせは beluga@beluga-inc.co.jp までお願いします。

ぜひ、貴女色のキッチンのお話をしましょう。

最後に、この本の執筆にご協力いただきました皆様に感謝申し上げます。


キッチンプロデュースデザイナー　北村　壽子

## 取材協力企業　一覧

アイカ工業 株式会社／面材・カウンター・キッチンバック

株式会社アステック／カウンター

イビケン 株式会社／面材

株式会社 イヨベ工芸社／移動家具

株式会社 N・TEC／調理機器・食洗機

河淳 株式会社／キッチンディバイザー・アクセサリー

株式会社 キッツマイクロフィルター ／浄水器

グローエ・ジャパン 株式会社／水栓

コセンティーノ・ジャパン 株式会社／カウンター

コンフォート 株式会社／カウンター

株式会社 矢島／カウンター・シンク

大日化成工業 株式会社／カウンター加工・シンク

株式会社 タカギ／浄水器

タニコー 株式会社／カウンター・シンク

株式会社 ツナシマ商事／調理機器・食洗機

デニカ 株式会社／キャビネットトレール他
株式会社 トヨウラ／シンク
ニシザキ工芸 株式会社／面材塗装
日鉄住金物産マテックス 株式会社／水栓・シンク
日本グリーンパックス 株式会社／食洗機
株式会社 ハーフェレー・ジャパン／キャビネットトレール他
ハンスグローエ・ジャパン 株式会社 ／水栓
パナソニック株式会社／食洗機
福山キッチン装飾 株式会社／面材塗装
富士工業販売 株式会社／換気扇
株式会社 松岡製作所／カウンター・シンク
株式会社 マラッツィ・ジャパン／カウンター
ミーレ・ジャパン 株式会社／調理機器・食洗機
株式会社 リラインス／水栓
リンナイ 株式会社／調理機器
ローマタイル・ジャパン 株式会社／カウンター
株式会社 ロッキーズコーポレーション／水栓

著者プロフィール

ベルーガ株式会社
キッチンプロデュースデザイナー

# 北村壽子

Yoshiko Kitamura

1985年、大手マンションデベロッパーに入社。

インテリアコーディネーターのパイオニアとして、30万戸以上のマンションモデルルームのインテリア監修や設計変更を担当する。

「リジェ」「グランフォート」の億ションシリーズでは、自らインテリアコーディネートを手掛け、プロデュース。

また、本社商品企画部では、業界初の女性だけの企業内コーディネーターチームを起ち上げ、リーダーとして全国を統括し、インテリアコーディネーターの地位向上に寄与する。

その後、これも業界初、女性だけの商品企画チーム「LIONS LIVING LABO」のリーダーとして活躍。

女性の生活は女性が創ると、「女性目線のマンションづくり」を提唱し、オリジナルキッチンをはじめとして、多数のインテリア・設備商品を企画し、自らプロデュースした商品の全国展開のために日本各地を奔走する。

テレビや業界紙などにも広く取り上げられ、業界を牽引する女性として異彩を放つ存在に。

2015年、デベロッパーでの経験を活かし、オーダーキッチンをはじめとする水まわりの企画デザイン会社を設立。

リフォームの舞台でも「キッチンはインテリア」と銘打ち、商品づくりに邁進し、現在に至る。

## 平成出版 について

本書を発行した平成出版は、基本的な出版ポリシーとして、自分の主張を知ってもらいたい人々、世の中の新しい動きに注目する人々、起業家や新ジャンルに挑戦する経営者、専門家、クリエイターの皆さまの味方でありたいと願っています。

代表・須田早は、あらゆる出版に関する職務（編集、営業、広告、総務、財務、印刷管理、経営、ライター、フリー編集者、カメラマン、プロデューサーなど）を経験してきました。そして、従来の出版の殻を打ち破ることが、未来の日本の繁栄につながると信じています。

志のある人を、広く世の中に知らしめるように、商業出版として新しい出版方式を実践しつつ「読者が求める本」を提供していきます。出版について、知りたい事やわからない事がありましたら、お気軽にメールをお寄せください。

book@syuppan.jp　平成出版　編集部一同

# 世界に一つだけのオーダーキッチン
## Bespoke でつくる貴女ブランド

平成31年(2019) 4月13日　第1刷発行

著　者　北村　壽子（きたむら・よしこ）
発行人　須田　早
発　行　平成出版 株式会社

〒150-0044 東京都渋谷区円山町５－５ Navi渋谷V ３階
経営サポート部／東京都港区赤坂８丁目
TEL 03-3408-8300　FAX 03-3746-1588
平成出版ホームページ http://www.syuppan.jp
「スマホ文庫」ホームページ http://www.smaho.co.jp
メール: book@syuppan.jp

発　売　株式会社 星雲社
〒112-0005　東京都文京区水道1-3-30
TEL 03-3868-3275　FAX 03-3868-6588

出版プロデュース／ 若尾裕之 <(株)未来総合研究所 http://miraisoken.net>
取材協力／齋藤由美子、二木オフィス
編集協力／ 安田京祐、近藤里実
本文DTP／ 小山弘子
(カバー制作についてはカバーに表記)

印刷 ／ (株)ウイル・コーポレーション